JN125625

地域流通とマーケティング

吉川勝広 著
YOSHIKAWA Masahiro

同文舘出版

はじめに

2000年に生を受けた子供達はミレニアムベイビーと呼ばれ，新世紀幕開けの祝福を受けた。そのころから，日本の社会も大きな転換期を迎える。その1つがスマートフォンの普及である。いつでもどこでもインターネットへのアクセスが可能になり，ソーシャルネットワーキングサービス（SNS）などが積極的に使われるようになる。都市部と地方の情報格差も縮小し，消費者もｅコマースなどを積極的に活用するようになると，企業はこれまで以上にインターネットを活用したマーケティングを展開するようになっていくことになる。

これら変化の波は，地方の小売り，メーカー，観光など多岐にわたって影響を及ぼすことになる。地方小売りでは全国チェーン店舗の増加もあって，消費者は全国どこでも同じサービス，同じ商品購入ができるようになった。地域特性にあわせた商品の品揃え，サービスでの差別化は減ってきているが，あえてそこにフォーカスする時はメーカーと地方小売りによる商品の共同開発がなされる例も多くある。地方メーカーもこれまで以上に商品の差別化を明確にする独自のマーケティングを模索し始める。その一方で観光資源をもつ地域ではその特性を生かしたマーケティングが展開されるようになってきている。

本書ではこれらの大きく変容した地方における流通とマーケティングにスポットライトを当て，その特性を明らかにしていきたい。

第1章では，福岡市における小売り商業の挑戦からみていくことにする。福岡の小売りは時代の変化と共に激しく動いている。いつも活気に満ちた都市にみえている福岡も2021年には天神にあったイムズが閉店。2022年には福岡市青果市場跡にららぽーと福岡が開店する。このような変化の中の一部である複合商業施設キャナルシティ博多の挑戦的な取り組みをみていく。キャナルシティは1996年4月にオープン。その後，時代に合った「バリュー&エンターテイメント」の提供を意図して第2キャナルが展開される。ここでの中心はこの第2キャナルである。「緑」と「癒し」にあふれ「歩いて楽しい街」を目指し，路面店感覚の街づくりと環境面での差別化を行い「都心の憩いの場」として機能するようにつくられている。そしてその先に見据えているのがアジア圏の顧客だ。オープン当初よりアジア地域からの集客を見込んで取り組んできた。その中でもファストファッションの集積を狙った地方小売りとしての特性を考察していく。

第2章では，地域流通においてブランドがどのような意義をもつのかを検討する。ここでいうブランドとは高級ブランド品を指しているのではない。社名を聞けば誰しも商品名を言えるようなネームバリューをもった企業や商品のことである。ここでは，山崎製パンの「ランチパック」による地域限定商品を事例に考察する。「ランチパック」は菓子パンブランドとして日本屈指のブランドである。昔からある「ランチパック」が未だに受け入れられる理由，そして企業としての山崎製パンの姿勢を垣間みることができるだろう。

第3章では，熊本県人吉市にあるHITOYOSHIの自社ブランドドレスシャツ「HITOYOSHI Made in Japan」を事例に，大学生と百貨店を巻き込んだ商品戦略を紹介する。「HITOYOSHI Made in Japan」の風合い，肌触りの良さは一目みただけではわからない。良質な商品を大学生達はより多く売ろうとするのだが，さてどうするのか？　なんとか地域貢献したいHITOYOSHIと学生達の7か月に亘る挑戦。世の中には認知されていないものが各地に眠っており，ふとしたことを契機に発見されるということをここでは訴えたい。

第4章では，コンビニエンスストアの地域限定商品から製販連携について考えていく。われわれの身近にあって便利なお店コンビニエンスストア。実は多くのプライベートブランド商品が売られている。プライベートブランド商品の中でも地域限定商品は，リスク管理をコンビニエンスストアが行うため，メーカーにとっても商品開発の自由度が高い。消費者にとっても，大手メーカーとコラボした商品が，コンビニエンスストアという簡単に目に入る場所にあるし，聞きなれた地元産の野菜や果実が入っていれば，ひいき目にみたり，少なからず興味を惹きやすいはずだ。実際，消費者の目にどう映ったのかをみていただきたい。

地方にはさまざまな資源があって，特徴的な取り組みが行われている。例えば熊本県阿蘇市には観光資源がある。第5章では，振興と観光のためのブランドとして立ち上げられた「然」を事例に，阿蘇ブランド商品流通と阿蘇市への集客という観光マーケティングの視点から考察を行う。「然」は阿蘇市内の店舗だけでなく，熊本阿蘇の逸品ネットショップ ASOMO でも販売している。商品によってはネット販売せず，地元でしか入手できないようにする手法がとられている。果たしてこれらは効果的なマーケティングなのかどうか考えていくことにする。

熊本県は観光資源として「阿蘇は自然や温泉が1つの地域ブランド」であると位置付けている。第6章では，阿蘇地域に属する黒川温泉を事例に集客戦略と地域づくりに着目し，観光マーケティングの視点からその特性を深く掘り下げていくことにしたい。黒川温泉といえば「入湯手形」と「露天風呂めぐり」が人気の温泉である。そこにはさまざまな工夫と仕組みがあることをご存じだろうか。昭和の時代は特に有名でもなく，熊本県民からは湯治場として知られたひなびた温泉街だったのだ。ここではなぜ黒川温泉が全国ブランドとなりえたのか考える。

以上のように，本書では地方の挑戦的な取り組みをしている小売り，メーカーと小売りの製販連携，地域ブランド戦略，観光資源を生かした観光マーケティングに着目し考察している。

なお，本書の刊行にあたり，熊本学園大学産業経営研究所の助成を受けることができた。この場を借りて謝意を申し上げたい。

最後に出版事情の厳しい中，本書の出版をお引き受けいただいた同文舘出版の代表取締役中島治久氏，ならびに刊行にあたりご尽力いただいた専門書編集部の青柳裕之氏と有村知記氏に心から御礼申し上げたい。

2022 年 2 月

吉川　勝広

目　次

第3章
地方メーカーの流通戦略

第 4 章 プライベートブランド商品開発と流通

第 5 章 阿蘇ブランド商品流通と観光マーケティング

第 6 章
黒川温泉はなぜ全国ブランドとなりえたのか？

地域流通とマーケティング

第 1 章

地方小売商業の挑戦

—キャナルシティ博多の事例—

I 2010年代の九州の小売

2011年は変化を感じずにはいられない年となった。3月11日に東北地方を中心に起こった東日本大震災。翌日の12日，九州では鹿児島から博多まで九州新幹線が開通し，大々的なイベントが行われる予定であった。しかし，前日に起こった惨事のため取りやめとなってしまう。新幹線開通により熊本から博多まで約40分弱，鹿児島からも約1時間30分と博多までのアクセス時間を大幅に短縮。福岡までの距離感が近くなったように感じられた。

新幹線開通に先がけた3月3日にはJR博多シティが博多駅ビルにオープン。前日2日に行われた会員限定プレオープン時には，1日で18万人を集め，九州流通地図に影響を与えるのではないかとの報道がなされた(1)。JR博多シティは，九州初出店の阪急百貨店，東急ハンズ，229店舗の専門店を有するアミュプラザ博多，レストランゾーンのシティダイニングくうてん，シネマコンプレックスのTジョイ博多，屋上庭園のつばめの杜ひろば，JR博多シティ会議室，JR九州ホール，それに旧駅ビル地下にあった食堂街をリニューアルした博多1番街から構成されている。

JR博多シティオープンまでは天神地区とキャナルシティ博多が20歳代から30歳代女性向け商品を中心に取り揃え，集客してきたように思われる。天神は地下鉄，西鉄バスといった公共交通機関アクセスもよく，大丸福岡，岩田屋，福岡三越といった百貨店，天神イムズ，天神コアといった女性ファッション中心店舗，ロフト，バーニーズ・ニューヨークをはじめとするさまざまなブランドを扱う店舗が立地している。2012年4月には天神西通りスクエア（商業施設）もオープン，スウェーデンのH&Mと，米国のフォーエバー21が入居し話題を集めた。それに「都市と商業の交通，そして人が豊かに交流する，大きな『劇場』」をコンセプトとする天神地下街でつながり(2)，この地下街を通じて百貨店，バスターミナル，西鉄電車，地下鉄にも容易にアクセスでき，回遊性のよい九州最大の商業集積地となっている。

キャナルシティ博多は，1996年4月に福岡地所による開発プロジェクトにより誕生した。近隣の中洲川端商店街，博多座にも近く，博多駅から南へ徒歩10分に位置し，西鉄バス等公共交通の便も優れている。キャナルシティ博多はオープンして15年が経過し，2021年現在では天神地区，博多駅地区と並び，多くの顧客層を集客する複合商業施設に成長している。

JR博多シティオープンまでは天神地区，キャナルシティ博多周辺地区に商業施設が集積していたこともあって，多くの顧客を集めてきた。それが博多駅にアミュプラザ，阪急百貨店，東急ハンズといった店舗の出店もあり，天神，キャナルシティ博多，JR博多シティという3地区間の競争が激化することになる。

ところでJR博多シティオープンによる周囲への影響に関して，少し範囲を広げて見てみよう。隣接する熊本県には鶴屋百貨店と県民百貨店の2つの百貨店がある。2つの百貨店とも3月と5月のゴールデンウィークに一時的なJR博多シティへの顧客流出が見られた(3)。だが影響があったと思われるのは，その時期のみで他の時期は特に目立った変化はなかったのである。

それよりも福岡県内全域からの集客に成功し，天神，キャナルシティ博多，JR博多シティの競争に拍車がかかったのである。

競争激化の余波から天神では天神コアが全店舗の3割，福岡パルコも2割弱の入れ替えと改装を行った。キャナルシティ博多も9月末にファストファッション店舗を中心としたイーストビル（第2キャナル）をオープンさせ，JR 博多シティとの明確な差別化を図ろうとした。

本章では，これら2011年に起こった福岡市における流通競争に着目し天神，キャナルシティ博多，JR 博多シティが優位性を見出すためには，どのような取り組みが必要なのか。キャナルシティ博多イーストビルにおけるファストファッション戦略の現況から明らかにしていこう。

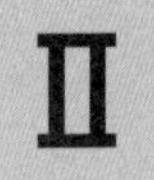 キャナルシティ博多

キャナルシティ博多は，福岡のディベロッパー福岡地所によって開発・運営されている。福岡地所は，昭和36年に福岡相互銀行の不動産管理部門が独立して設立された。開発事業部門，商業事業部門，ビル事業部門，住宅事業部門，保険事業部門を持ち，商業施設の開発，マンション建設等を行っている地場大手のディベロッパーである。

キャナルシティ博多は，福岡地所が1979年に取得した鐘紡紡績工場跡地34,700m^{2}の開発を目的に計画がスタートし，1996年4月にオープンした複合商業施設である。開店当初は，約200の小売店舗，シネマコンプレックス，2つのホテル，劇団四季の常設劇場を備えた商業施設であった。「キャナルはアメリカのショッピングモールを参考に，日本で初めてシネマコンプレックス，劇場を備えた商業施設として開発しました」という。オープン初年度の来場者数はこれまで福岡になかった斬新的商業施設ということもあって1,640万人，売り上げ570億円を計上した[(4)]。

その後，福岡地所はキャナルシティ博多以外にも福岡を中心に2000年にマリノアシティ福岡，2003年にはリバーウォーク北九州，2011年には木の葉モール橋本といった小売商業施設を次々とオープンさせている。

キャナルシティ博多は，オープン以来，魅力あるテナント誘致に重点を

おき，時代を先行するようにテナントを入れ替え，顧客を飽きさせない努力を行ってきた。それが2008年になって駐車場として使っていた土地に第2キャナル（現イーストビル）を建設する計画が持ち上がった。

キャナルシティ博多は1996年のオープン当初から，九州だけでなく韓国，中国等のアジア地域からの集客を見込んで官民共同で開発が行われてきた。キャナルを観光の目玉にしたい行政と，より広範囲から多くの顧客を呼び込みたいキャナルの思惑が一致したためであった。最初にディズニーの屋内型娯楽施設を誘致してはどうかという企画がだされた。そこで福岡地所は東京ディズニーランド運営会社であるオリエンタルランドに折衝するにあたって地理的条件で攻めてみた。福岡市は韓国，中国といったアジアからも近く，集客が見込めるとアピールを行ったという。しかしリーマン・ショックもあり，話がうまくまとまらずディズニーの屋内型娯楽施設誘致ができなくなってしまった。ディズニーの屋内型娯楽施設誘致を前提に開発が進められてきていた第2キャナルは，急きょ短期間で次の策を練る必要性に迫られた。

2011年3月の九州新幹線鹿児島ルートとJR博多シティオープンをにらみ，140億円を投じた再開発計画を，何とか成功させる必要があったのである。福岡地所ではこれまでにもキャナルシティ博多，マリノアシティ福岡，リバーウォーク北九州という既存店舗でのテナント入れ替えの際，国内ブランドだけでなく海外ブランドともコネクションができていた。そこで有名ファストファッションを誘致し，東京より近い福岡に韓国，中国から顧客を呼び込もうと開発コンセプトを変更したのである(5)。

キャナルシティ博多はオープン当初，「都市の劇場」という斬新なコンセプトで，その場で時間を消費してもらう複合商業施設としてスタートした。オープンから5年を経過した2001年には，リニューアルを機にラーメンスタジアムをオープン，しかし2010年にはオープン当初，売りであっ

図表1－1　キャナルシティ博多の回遊性

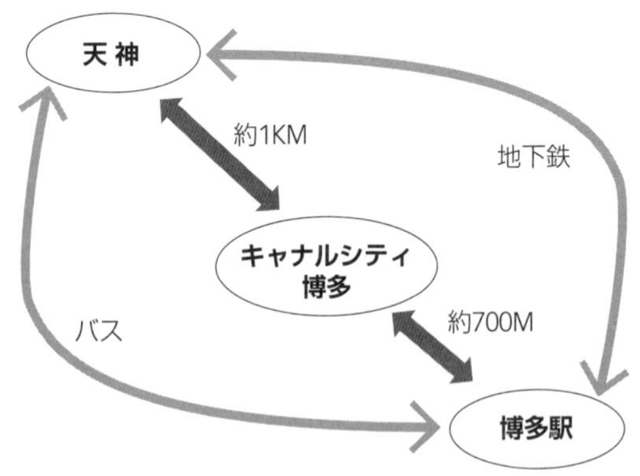

出所：筆者作成。

た劇団四季の常設劇場が閉鎖されてしまう。

時代と共にこのような状況変化もあって第２キャナル開発は，集客の期待できるテナント構成にする必要があった。ただテナント構成だけでなく，博多駅周辺から天神地区にかけての回遊性を高めることも開発コンセプトの中に組み込み，年間売り上げをアップすることも意図され開発が行われてきたのである。

図表1-1を参照いただきたい。博多駅から天神までは，距離にして2km弱しかない。この2km圏内に博多駅，キャナルシティ博多，天神が立地している。福岡市の場合，都心地域に集客力のある商業施設が集積している。それだけでなく地下鉄，西鉄バスをはじめとしたバス等の交通機関も整備されており，回遊性向上による集客力アップは有効な方法となりえるのではないかと推察されるのである。

福岡市は天神，キャナルシティ博多，博多駅周辺という都心地域に商業施設が集積する九州最大の集客力を持つ都市である。福岡都心地域に関して樗木（2012）は「福岡といえども都心地域の集客力を維持，発展することは容易ではない。」と指摘する(6)。加えて樗木（2012）は都市づくりの観点から「都心周辺および郊外に進む大規模集客施設の展開に対応した都心の魅力アップ」に重点をおくべきとも指摘している。樗木（2012）の指摘からも，集客力を維持，発展させるために，天神，キャナルシティ博多，JR博多シティが集客力改善策を打ち出せば，何らかの小売り間の競争が激化することは容易に推察できる。

宇野（1998）は「新たな小売商業集積間の競争が発生することによって，空間的競争構造が広域的に重層化するとともに，都市圏小売流通システムは常に不安定な状況にさらされていく」(7)と指摘する。**図表1-1**からもわかるように天神とキャナルシティ博多は距離的にも近い。それにJR博多シティオープンによって新たな小売商業集積間の競争が発生することになった。競争激化は宇野（1998）の指摘にもあるように天神，キャナルシティ博多，JR博多シティ間の顧客の奪い合いを生み，福岡都市圏小売流通システムの不安定な状況を起こすことになる。それだけでなく1990年代後半に郊外型ショッピングモールの出店が続き，キャナルシティ博多の集客にも陰りが見え始めていたのである。

それゆえ第2キャナル開発は，テナント選びが慎重に行われた。タリーズコーヒー，セ・トレボン，カルディコーヒーファーム，Accessorize，Kitson，菓子処典，Laline，Desigual，シェーキーズ，Bershka，コレクトポイント，Oriental Traffic，HAKATA Francfranc，H&M，ZARA，ユニクロという16店舗により構成されることになる。

第2キャナルは，キャナルシティ博多15周年の成長・創造を視野に，今の時代に合った「バリュー＆エンターテイメント」の提供を意図して開発が進められた。

コンセプトは「緑」と「癒し」にあふれ「歩いて楽しい街」，3,000m^{2}の

「ユニット型面緑化」を施し，排気ガスの吸収分解に優れた常緑ツル性植物を採用，視覚的にも緑豊かで印象的市街地環境を目指してつくられている。中央には鹿児島から持ってきた樹齢70年のシマトリネコ（落葉広葉樹）を植樹。自然採光を利用した吹き抜けを確保し，徹底した環境への配慮がなされた建物である。一方で既存棟とブリッジでつなぎ，博多駅からのスムースな動線確保を目的とし，「博多駅～キャナルシティ博多～天神」を歩いて回るのが可能な空間づくりを意図して開発されている(8)。あえてそのようにすることで，博多駅地区と天神と正面から競争するのではなく，福岡都心の回遊性向上を目指すことで，シナジー効果を狙っているのである。

Ⅲ ファストファッションの集積

1. 店舗配置

キャナルシティ博多イーストビル（第2キャナル）には，16の店舗がテナントとして入っている（2011年オープン当初）。**図表1-2**を参照いただきたい。第2キャナルの店舗配置図である。筆者は特に1階と2階の店舗配置に注目している。1階には既存棟側からタリーズコーヒー，セ・トレボン，カルディコーヒーファーム，Accessorize（イギリスのアクセサリーショップ），Kitson（アメリカLA発のセレクトショップ），菓子処典（千鳥屋本家が運営するチョコレートを主にした菓子店），ユニクロと並び，博多駅方面から入ると左側に前列からZARA（スペイン発の洋服ブランド），Desigual（スイス出身のトーマス・メイヤーによる洋服ブランド），Laline（イスラエルのアロマ・キャンドル・雑貨等を扱う店舗），

図表1-2　キャナルシティ博多イーストビル店舗配置

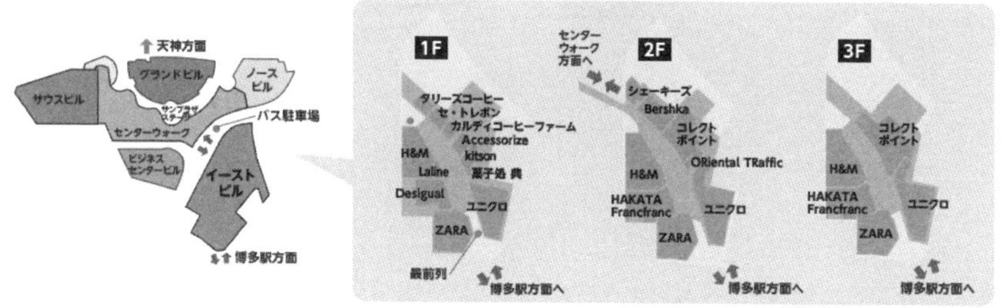

出所：キャナルシティ博多HP（http://www.canalcity.co.jp/eastcanal/）。

H&M（1947年に設立されたスウェーデンのブランド）が配されている。

通常の商業施設の場合，テナント料は各階ごとに設定されており，1階の入り口側が最も高く，上層階にいくほど低い。それゆえ1階には，高級ブランドの店舗が入ることが多い。それにもかかわらず1階の入り口側のテナント料の高い所にタリーズコーヒー，セ・トレボンが配されている。これにはある理由がある。

通常店舗は10時オープンだが，タリーズコーヒー，セ・トレボンは既存棟に付属するビジネスセンタービルにも近いことから8時から店舗をオープンさせビジネスパーソンの便益性を図っている。既存棟のセンターウォーク地下1階にもスターバックス，サンマルクカフェがあって，8時から店舗が開店している。そのため高いテナント料を払っても，ロードサイドの入りやすい所に店舗を構えることは重要ポイントとなる。ほかにも考えられるターゲットは存在する。図表1-2にも示してあるバス駐車場の前はキャナルシティ福岡ワシントンホテルがあり，ホテルの玄関を出てすぐのところがバス停となっている。博多駅からバスを使ってビジネスセンタービルに来た人は，このバス停で降車することになる。それゆえ軽食をとったり，待ち合わせ場所として利用する多勢の人を取り込むために

写真1-1　キャナルシティ博多イーストビル（第2キャナル）

出所：筆者撮影。

は，その場所でなければ効率が悪いのである。

ほかに1階に入っているLaline，H&M，Accessorizeは九州初出店店舗となっており，第2キャナル1階は，ビジネスの便益性と初出店店舗という話題性を持って構成されている。

次に2階部分を見てみよう。**図表1-2**で博多駅方面から来ると左側に手前から，ZARA，HAKATA Francfranc，H&Mと並んでいる。3階は2階と同じ店舗並びとなっている。ZARAとH&Mに関しては，1階から3階まで売り場があることがおわかりいただけよう。

H&Mは2,000m^2の売り場を持ち第2キャナルへの出店が九州初出店である。H&Mはビジュアルマーチャンダイジング(9)を重視しているブランドでもある。**写真1-1**を参照いただきたい。第2キャナルを既存棟側から撮影したものである。歩道に面した建物の中央あたりにH&Mのロゴの入った入り口が見える。それから既存棟側の1階，2階通しの壁面広告が見受けられるのがおわかりだろうか。歩道側に面した壁面も同様に壁面広告が出ている。3階部分は「ユニット型面緑化」を施してあるため，ガラス越しの壁面広告はできない。ロードサイドに面した2つの壁面を広告に使えるというメリットがある。第2キャナルでのこの取り組みは，美しい都市景観をつくる優良な野外広告物を表彰する「福岡県野外広告景観賞」の最優秀賞にも選ばれている(10)。

ZARAも同様で1階から3階にかけて博多駅方面から来るとロードサイドに2つの壁面があり目立つ広告を出している。Desigual，HAKATA Francfrancにはない利点である。

1階は既存棟側，博多駅方面入口共にユニクロ，ZARA，H&Mというファッションブランドが占める店舗配置となっている。

HAKATA Francfrancは，家具，生活雑貨を扱う店舗である。第2キャナルの2階と3階に売り場を持ち，全国のFrancfranc店舗中，国内最大の売り場を誇る。「Scene of Life Style」をコンセプトに色気があり，洗練され，クオリティが高く，手ごろな価格で提供するスタンダード商品を取り揃えているほか，大人でもディズニーを楽しみたいということを具現化したディズニー商品も提供している。

Oriental Trafficはレディースシューズの専門店である。店舗は比較的小規模で，SサイズからLLサイズまで取り扱っている。ブランドコンセプトは「毎日違う洋服に合わせて，似合った靴を手頃にコーディネートしたい」というニーズに応えるために，「他とはちょっとちがう，いつでも遊び心のあるデザインを提案する」としている。第2キャナルで最も回転率に優れた店舗(11)である。

Oriental Trafficから既存棟方面へ行くと，コレクトポイント，Bershkaがある。コレクトポイントは複数のカジュアルウエアブランドを扱うポイント（現・アダストリア）が運営する複合型の店舗で九州初出店である。東京は新宿，京都は大手百貨店大丸，そしてキャナルシティ博多と全国で3店舗あり，第2キャナル2階・3階に売り場を持ち九州の基幹店の位置付けである。ポイントが運営するブランドとはローリーズファーム，グローバルワーク，ジーナシス，レプシィム・ローリーズファーム（現・レプシィム），ヘザー，アパートバイローリーズ，レイジーブルー，ハレ，インメルカート，レピピアルマリオ，ジュエリウム，ナインブロックス，トゥールノジーナ，ハーディーガーディー，マリカフリッカーといったブランドである。これだけ多くのブランドを扱うためには，2階と3階通しの売り場が必要であった。

Bershka はZARA を展開する会社インデックスグループが全国で4店目，西日本初出店として第2キャナルに入った。10代から20代を主な対象としており，小物類を充実させ，特に女性向けアクセサリーを充実させた店舗となっている。

もう1つ2階に入っている店舗がある。それはピザレストランのシェーキーズである。女性客を意識し，シェーキーズ初の本格的サラダバーを併設。20代～30代の女性，若いカップルを対象としているという。2011年9月の第2キャナルへの出店は，15年ぶりの再出店である。80席を確保し，新しいロゴ，新しいデザイン，新しいコンセプトを掲げての再出店であった。筆者は，年末の土曜日，年始，11月平日の3度の調査で第2キャナルを訪問したが，3度とも20名強の行列ができていた。

第2キャナルのような複合商業施設のテナントは，ディベロッパーのコンセプトに賛同したブランドが出店するのが一般的である。ディベロッパーは「1階はレディース（通常の百貨店）という店舗の常識を逆転し，1階にメンズ，2階にレディースを配しながらも，既存棟への顧客の流れをつくる」(12)ということを意図した。このコンセプトに賛同した16店舗が出店したと言えよう。

宇野（2003）は「投資コストの回収は市場取引相場に依拠した全体のテナント収入と建設コストのバランスからみたトータルな視点からのも

の」[13]と述べた。宇野の指摘からもわかるように，ディベロッパーとしてもテナント収入の見込めるブランドを入れなければトータルな視点での第2キャナルの運営ができなくなる。それゆえコンセプトに賛同するブランドでも見極めてテナントとして入れなければならない。

石原（2005）は「取扱商品だけではない。店舗の設計，その形状や色彩，看板表示等についても，周囲との調和を意識したうえで，内部について工夫をこらすという限りでは，両者はバランスを維持することができる」[14]と指摘する。

筆者が注目した第2キャナルの1階と2階の店舗配置は，ディベロッパーとテナントとして入るブランド双方の思惑がうまく合致したものであると思う。「我々のコンセプトにブランド勢力の強弱はありますが，うまく（配置）できたと思います」[15]とディベロッパーは言う。宇野（2003）の「投資コスト」回収には長期的視点，石原（2005）の「バランス維持」という視点からも，筆者は第2キャナルの1階と2階の店舗配置はベストな配置となっているのではなかろうかと考える。

2. ファストファッション戦略

ファストファッションとは何だろう。明確に定義するのはむずかしいが，マクドナルド，牛丼の吉野家といった早い，安いというコンセプトであるファストフードに由来していると思われる。

ファストファッションという言葉が一般的に使われるようになったのは，2008年にH&Mが日本に初出店をしてからと言われている。ユニクロがこれまでになかった低価格高品質をアピールし市場開拓を行っていた。H&Mはそれにファッション性を加味し，最新ファッションを早く商品化するというコンセプトを持ち出してきた。週単位で商品を入れ替える

H&Mは，同一価格，同一商品をいつでも購入できるユニクロとは異なっていた(16)。

ファストファッションが低価格，高品質，ファッション性という3つを特徴とするのであれば，SPAのユニクロ，H&M，ZARA，フォーエバー21，しまむら，GAP，それに無印良品の販売するファッションはこれに該当すると筆者は考える。

図表1-3を参照いただきたい。価格と傾向からファストファッションブランドを分類したものである。トレンドを重視しながらも低価格なフォーエバー21，低価格を重視するが少しだけトレンドも取り入れているしまむら，低価格でベーシックなユニクロ，トレンドを重視しつつもフォーエバー21より高価格なH&M，トレンドを重視するのはもちろんだが，他ブランドよりも高価格設定なZARA，オールラウンドなGAP，

図表1-3　ファストファッション相関図

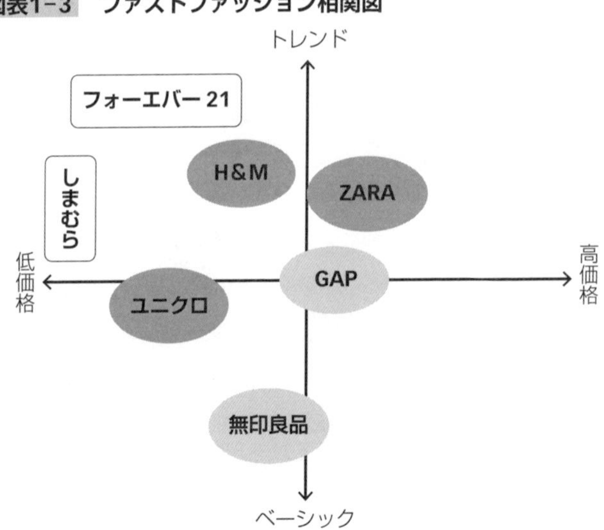

出所：川嶋（2009，p.49）を筆者修正。

ベーシックでナチュラルな無印良品という分布がおわかりいただけよう。

フォーエバー21とH&Mは2012年4月に天神の商業ビル「天神西通りスクエア」に入った。しまむらも6月28日開業の商業ビル「ノース天神」に入っている。ユニクロも天神に出店している。このことからトレンドと低価格を重視する4ブランドが天神に出店していることになる。

H&M，ZARA，ユニクロは第2キャナル，GAP，無印良品は既存のキャナルシティ博多に店舗があり，天神地区とのブランドによる店舗展開に関して差別化が見てとれる。

阿部（2006）は「ブランドの側がその販売チャネルとしてどのような小売業態を選ぶかによって，ブランド・マーケティングの立地選択も決まってくる」(17)と指摘する。

H&Mはブランドによる差別化を図っていると言ったが，その違いは品揃えだ。「幅広い年代層の人が集まるエリアで選択肢が増えることで，他店との相乗効果が高まる」(18)ことが言われている。天神のH&Mでは，流行性の高い商品に集中した品揃えになっているが，キャナルシティ博多の店舗では，20代から30代の子育て世代を主なターゲットとしていることもあって子供向け商品を充実させている。

キャナルシティ博多のH&Mは，売り場面積が約2,000m^2，1階がメンズ，2階がレディース，3階がキッズになっていて，ベビーカーが通りやすいように通路を広めにとるなどの配慮がなされている。

テナント入店予定のブランドに対し第2キャナルのコンセプトは福岡市と共同で「日本の地方都市から，アジア攻略に向けた拠点都市へ」(19)を目指していることを伝え，アジア戦略の拠点にしてほしいとしてユニクロ，H&M，ZARA，コレクトポイント，Francfranc等を説得したという。

第2キャナル開業で特に好調だったのは，H&M，Desigual，Bershkaでこれらの店舗を中心に，1週間で54万人の来店者があったという。20代女性を中心に，30代の家族連れ，3世代の人たちが多く，福岡都市圏[20]を中心に来客があったという。

日本生活協同組合連合会がまとめた2011年「全国生計費調査」によれば，実収入月額平均が629,157円と前年並みとなったにもかかわらず，消費支出に占める被服費は増加している。20代で9,618円／月（前年比12.8%増），30代13,336円／月（前年比0.8%増），40代15,610円／月（前年比1%増）となっている。第2キャナルの来客層が20代，30代の家族連れが多かったことも考慮すれば，2011年9月にオープンした第2キャナルへのオープンタイミングは合致していたのではないかと思われる。

第2キャナル開業時に好調であったBershkaも西日本初出店という話題性はあったが，週2回新製品が入り，顧客ニーズを刺激することも忘れてはいなかった。Desigualは，1984年「Desigualは同じじゃない」というコンセプトをかかげ起業された。2010年には世界で200店舗の直営店，7,000店のセレクトショップと百貨店で1,700コーナーを展開しているブランドである。レディース，メンズ，キッズ，バッグを取り揃え，「他とは違う，楽観的で色にあふれたデザインが特徴」[21]となっている。個性を売りとするDesigualに顧客が興味を示したということになろう。

図表1-4を参照いただきたい。男性，女性別に20代から30代の世代別ブランド志向上位15ブランドと福岡での取扱店舗を示している。●がキャナル，★が第2キャナル，△が天神，□が博多駅ビルに店舗があることを示している。男性，女性共に最も支持されるブランドであるユニクロは，天神，博多駅，第2キャナルと3地区に店舗を持っている。

次に網掛けの部分を参照いただこう。20代から30代の男性，女性別に支持されているブランドでキャナル，第2キャナルに店舗があるブランドを示している。男性よりも女性が支持するブランドが多いことがおわかりいただけよう。

図表1－4　世代別ブランド志向と福岡での取り扱い店舗

	女性全体		20～24		25～29		30～34		35～39	
1	ユニクロ	△□★	ユニクロ	△□★	ユニクロ	△□★	ユニクロ	△□★	ユニクロ	△□★
2	ローリーズファーム	△□★	ビームス	△□	ローリーズファーム	△□★	アースミュージックアンドエコロジー	△□	ギャップ	△●
3	ギャップ	△●	ギャップ	△●	アースミュージックアンドエコロジー	△□	ギャップ	△●	無印良品	●□
4	アースミュージックアンドエコロジー	△□	ユナイテッドアローズ	△□	INGNI	△	ローリーズファーム	△□★	23区	△□
5	23区	△□	アディダス	△	ザラ	△★	ユナイテッドアローズ	△□	組曲	△□
6	バーバリー	△□	ナイキ	△	ユナイテッドアローズ	△□	ザラ	△★	バーバリー	△□
7	無印良品	●□	ポール・スミス	△	ナチュラルビューティ・ベーシック	△	組曲	△□	アースミュージックアンドエコロジー	△□
8	組曲	△□	シップス	△□	マウジー	△●	無印良品	●□	ローリーズファーム	△□★
9	ザラ	△★	レイジーブルー	△●★	ギャップ	△●	グローバルワーク	△★	ザラ	△★
10	INGNI	△	エドウィン	△	ビームス	△□	ナチュラルビューティ・ベーシック	△	ラルフローレン	△□
11	ラルフローレン	△□	TK	△	H&M	△★	アンタイトル	△□	アンタイトル	△□
12	ユナイテッドアローズ	△□	しまむら	□	セシルマクビイ	△●□	ビームス	△□	ナチュラルビューティ・ベーシック	△
13	アンタイトル	△□	ハレ	△★	ジーナシス	△□★	23区	△□	ユナイテッドアローズ	△□
14	セシルマクビイ	△●□	バーバリー	△□	シップス	△□	バーバリー	△□	グローバルワーク	△★
15	ナチュラルビューティ・ベーシック	△	リーバイス	△	ロペピクニック	△□	トゥモローランド	△	インディヴィ	△

	男性全体		20~24		25~29		30~34		35~39	
1	ユニクロ	△□★	ユニクロ	△□★	ユニクロ	△□★	ユニクロ	△□★	ユニクロ	△□★
2	バーバリー	△	ビームス	△□	ユナイテッドアローズ	△□	ポール・スミス	△	ラルフローレン	△□
3	ラルフローレン	△□	ギャップ	△●	タケオキクチ	△□	タケオキクチ	△□	ギャップ	△●
4	ギャップ	△●	ユナイテッドアローズ	△□	ビームス	△□	ユナイテッドアローズ	△□	アディダス	△
5	アディダス	△	アディダス	△	ポール・スミス	△	ギャップ	△●	ポール・スミス	△
6	ナイキ	△	ナイキ	△	シップス	△□	ビームス	△□	リーバイス	△
7	ポール・スミス	△	ポール・スミス	△	ギャップ	△●	ラルフローレン	△□	タケオキクチ	△□
8	タケオキクチ	△□	シップス	△□	アディダス	△	リーバイス	△	バーバリー	△
9	リーバイス	△	レイジーブルー	△●★	ナイキ	△	バーバリー	△	ナイキ	△
10	ユナイテッドアローズ	△□	エドウィン	△	リーバイス	△	アディダス	△	アバクロンビーアンドフィッチ	△
11	ビームス	△□	TK	△	ラルフローレン	△□	ナイキ	△	ユナイテッドアローズ	△□
12	ダーバン	△	しまむら	□	アバクロンビーアンドフィッチ	△	シップス	△□	エドウィン	△
13	アバクロンビーアンドフィッチ	△	ハレ	△★	TK	△	バーバリーブラックレーベル	△□	ビームス	△□
14	エドウィン	△	バーバリー	△	エドウィン	△	無印良品	●□	無印良品	●□
15	無印良品	●□	リーバイス	△	バーバリー	△	ディーゼル	●	コムサデモード	△●□

△ 天神　● キャナル　□ 博多駅　★ 第2キャナル

出所：ブランドデータバンク（2011）とヒアリングを基に2012年6月現在で筆者作成。

女性全体から見てみると，1位のユニクロ，2位のローリーズファーム，3位のギャップ（GAP），7位の無印良品，9位のザラ（ZARA），14位のセシルマクビイがあり，ユニクロ，ローリーズファーム，ザラ（ZARA）は第2キャナルに入っている。20～24歳代では1位のユニクロ，3位のギャップ（GAP），9位のレイジーブルー，13位のハレが入っており，ユニクロ，レイジーブルー，ハレが第2キャナルにある。25～29歳代は1位のユニクロ，2位のローリーズファーム，5位のザラ（ZARA），8位のマウジー，9位のギャップ（GAP），11位のH&M，12位のセシルマクビイ，13位のジーナシス，このうちユニクロ，ローリーズファーム，ザラ（ZARA），H&M，ジーナシスが第2キャナル店舗である。30～34歳代では，1位のユニクロ，3位のギャップ（GAP），4位のローリーズファーム，6位のザラ（ZARA），8位の無印良品，9位のグローバルワークがあり，ユニクロ，ローリーズファーム，ザラ（ZARA），グローバルワークが第2キャナルに店舗がある。30～39歳代も見てみると，1位はユニクロ，2位がギャップ（GAP），3位が無印良品，8位がローリーズファーム，9位がザラ（ZARA），14位にグローバルワークが入る。

一方で男性の場合を見てみると20歳代から30歳代にかけて1位のユニクロは女性からも支持されているブランドと言えるが，第2キャナルを表す★がついているのはユニクロのほか，レイジーブルー，ハレの2ブランドである。このブランドを支持しているのは，20～24歳代の男性である。それ以外のブランドはキャナルに店舗があるということである。

ディベロッパーは当初から第2キャナルを「ファストファッションの集積地にしたい」[22]という意図があったという。ただし，ファストファッションブランドであれば，何でもよいというわけではない。少なくともユニクロ，ローリーズファーム，ザラ（ZARA），レイジーブルー，ハレ，H&M，ジーナシス，グローバルワークという20代，30代の女性に支持されるブランドを第2キャナルに誘致できたという点において，ディベロッパーの意図した「ファストファッションの集積地」という当初の目標は満たすことができたのではないだろうか。

阿部（2006）は「いまの若い女性は学生も含めて『高級な』百貨店でファッションやアクセサリーのブランド商品を買うことはほとんどない」[(23)]と高級ブランドと百貨店離れを指摘していた。2011年9月オープンした第2キャナルは，阿部が指摘していたように，オープン時にはすでに高級ブランドと百貨店離れが始まっており，ファストファッションが支持される下地が徐々にでき上がってきていた状況にあったと言えよう。

第2キャナルは当初あったディズニーの屋内型娯楽施設誘致計画が失敗し，東日本大震災のために資材が滞り[(24)]，ぎりぎりでオープンにこじつけた。だが「第2キャナルをファストファッションの集積地に」へと方向転換し，海外ブランドをはじめ，国内のファストファッションブランドを入店させることに成功した。筆者は「ファストファッションの集積地」というコンセプトを形あるものにしたディベロッパーの先見性を評価すべきであると考えている。

3. ポイントカードの活用

第2キャナルオープンを機に，これまであったポイントカードがリニューアルされた。筆者は，「ポイントカードは再来店を促すためのファンづくり」の戦略の1つであると考えている。

ポイントカードは「他店とは少し違う『ちょっとした感動』を提供してくれた店に対して親しみを感じ，信頼を高め，関係をより深めていく。お客様が『営利以外の店の顔が少し見えた』と実感するのはこのときで，これがポイントカードの『店のファンづくり戦略の源泉』です」[(25)]との指摘もある。

さて，キャナルシティ博多で使えるカードは「f-JOY POINT CARD」と呼ばれている。これまでのキャナルシティ博多用「キャナルシティカード」，マリノアシティ福岡用「マリノアシティカード」，リバーウォーク北九州用「デコクラブカード」，木の葉モール橋本用「木の葉モールカード」を1つにしたものである(26)。

図表1-5を参照いただこう。「f-JOY POINT CARD」のコンセプトは，「4施設でポイントがたまる!福岡を楽しむおトクなカード!」である。木の葉モール橋本，リバーウォーク北九州，マリノアシティ福岡，キャナルシティ博多のイラストが配されている。カードにはf-JOY ポイントカード，f-JOY クレジットカードの2種類がある。ポイントカードはこれまでも顧客との接点を保持する販売促進策として一般的に行われてきた。

筆者が注目したのは，特性の異なる4つの商業施設を1枚のカードでポイントが貯まり，サービスが受けられるということである。既存のリバーウォーク北九州，マリノアシティ福岡，キャナルシティ博多の3施設の中でもマリノアシティ福岡は好調に推移していたが，木の葉モール橋本プロジェクト，第2キャナルプロジェクト立ち上げにともない，特に既存3施

図表1-5　f-JOY POINT CARD

キャナルシティカード
マリノアシティカード
デコクラブカード
木の葉モールカード

→ f-JOY POINT CARD

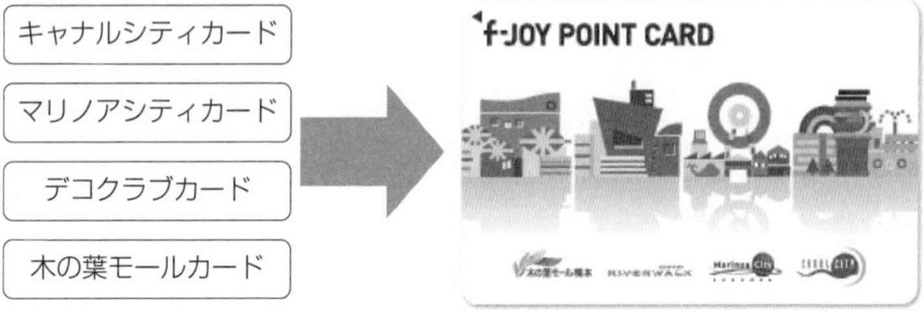

出所：「f-JOY POINT CARD」資料を基に筆者作成。

設の運営強化の必要性に迫られた(27)という。そこで考えられたのが既存施設でバラバラに行われていたポイントカードを統合することにより，カード戦略を強化して行こうというものであった。

f-JOYクレジットカードは18歳以上，収入がある人が対象，カード会社の審査が通らないと持てないので，ここではf-JOYポイントカードを中心に見ていこう。一方ポイントカードは，16歳からつくれる。つまり高校生から持てるということだ。

第2キャナルを例にあげればファストファッション中心の店舗展開だと述べたが，ファストファッションは「早い」，「安い」，「オシャレ」といったところから，高校生から大学生にかけて人気があるという。100円ごとに1ポイントが付き，500ポイントになると500円分の商品券となる。1月から12月までの1年間で4施設での買い物が20万円以上になると，ゴールド会員と呼ばれ，ポイントが3倍になる。それが50万円以上の買い物をしたらプラチナ会員と呼ばれ，ポイント以外にも併設しているホテル，グラントハイアット福岡の宿泊券がもらえるサービス等が追加される。

ポイントカードにもステップアップがあり，多くの商品を購入した方が充実したサービスを受けられるシステムとなっている。カードを掲示するともらえるサービスもある。例えば第2キャナル1階のタリーズコーヒーでは，バニラアイスがもらえたりするのである。貯めたポイントを商品券や割引に還元している商業施設は多い。

時間消費型複合商業施設のキャナルシティ博多，アウトレットモールのマリノアシティ福岡，美術館も併設する都市型商業施設のリバーウォーク北九州，ライフスタイル提案型の木の葉モール橋本という特性の異なる4つの商業施設でサービスが受けられる。ポイントが商品券として使えるだけでなく，ほんの少しのサービスを加えることにより「ちょっとした感動」が生まれ，リピーターを生んでいる。

今日ではリピーターになってもらうための仕組みづくりから始まった「f-JOY POINT CARD」は，スマートフォンの普及もあって，f-JOYアプリへの移行が推進されている[28]。

 地方小売りの個性

2011年は九州新幹線博多，鹿児島中央間開通という大きなイベントと共に博多駅のリニューアルが行われた。それにともない阪急，東急ハンズ，九州初出店のレストラン等が集まったレストラン街を持つJR博多シティがオープンした。これにより天神，キャナルシティ博多という3地区の流通競争が激化していく中で生き残りをかけて差別化が図られていった。

メディアでも報道されてきたようにJR博多シティオープンによって，天神地区，キャナルシティ博多の2地区から顧客が一時的に流出したことは否定できない。天神地区に関しては詳解することはできなかったがJフロントリテーリングによる大丸とパルコの差別化戦略等が行われたことは，記憶に新しい。

本章ではキャナルシティ博多イーストビル（第2キャナル）を中心に取り上げてきた。「博多駅～キャナルシティ～天神」を歩いて回るのが可能な「マイル戦略」[29]による回遊性を重視した空間づくり。路面店感覚の街づくりと環境面での差別化を行い「都心の憩いの場」としての店舗配置。特に「1階はレディースという店舗の常識を逆転し，1階にメンズ，2階にレディースを配しながらも，既存棟への顧客の流れをつくる」という独自のコンセプト。

ファストファッション戦略に関しても20代，30代女性に支持されるブ

ランドを中心とし，トレンドからベーシックなものまで取り揃えた。幅広く女性に支持されるブランドを提供しながらも「緑」と「癒し」にあふれ「歩いて楽しい街」というコンセプトも十分に満たされていたように思う。特に第2キャナルはディベロッパーの言う「ファストファッションの集積地にしたい」を意識したDesigual，Bershka，コレクトポイント，H&M，ZARA，ユニクロというファッションブランドを配していた。消費者が高級ブランドからファストファッションへと移行するのにともない，「ファストファッションの集積地」を目指したキャナルシティ博多の戦略の方向性は妥当であったと考えられる。

次にポイントカードの活用であるが，特性の異なる4つの商業施設が1枚のカードでサービスを受けられるということは注目に値する。木の葉モール橋本，リバーウォーク北九州，マリノアシティ福岡，キャナルシティ博多という異なる特性を持った商業施設を1枚のポイントカードに集約することで早くポイントがたまり，ほかに割引サービスのレストラン街での飲み物や，アイスクリームのサービスなど，ささやかなおまけがお得感を演出し，「ファンづくり」に一役買っていると考えられる。

キャナルシティ博多の回遊性を重視した空間づくり，「都心の憩いの場」としての店舗配置，ファストファッション戦略，ポイントカードの活用に焦点をあて考察してきた。2012年4月には，天神西通りにフォーエバー21がオープン。福岡市営地下鉄七隈線を博多駅まで伸ばし，キャナルシティ博多周辺と博多駅に地下鉄駅を新設する計画もある。ファストファッションでの天神との競争，地下鉄駅開設に向けた将来構想，「博多駅～キャナルシティ～天神」，これからのキャナルシティ博多のさらなる流通戦略に期待したい。

■ 注

(1)『熊本日日新聞』2011年3月3日。
(2) 関根ほか（2008，pp.789-804）。
(3)『日本経済新聞』2011年9月6日。
(4) 2011年11月26日，福岡地所へのヒアリングによる。
(5) 2011年11月26日，福岡地所へのヒアリングによる。
(6) 樗木（2012，p.23）。
(7) 宇野（1998，p.148）。
(8) 2011年11月26日，福岡地所へのヒアリングによる。
(9) Dunne et al.（2011，p.510）。
(10)『西日本新聞』2012年3月14日。
(11) 2011年11月26日，福岡地所へのヒアリングによる。
(12) 2011年11月26日，福岡地所へのヒアリングによる。
(13) 阿部ほか（2003，p.120）。
(14) 石原（2005，p.11）。
(15) 2011年11月26日，福岡地所へのヒアリングによる。
(16) 川嶋（2009，p.14）。
(17) 阿部（2006，p.203）。
(18)『西日本新聞』2011年4月21日。
(19) 2011年11月26日，福岡地所へのヒアリングによる。
(20) どの地方からの来客なのかは，調査員が店舗内を回り，インタビューするだけでなく，方言からも判断することがあるという。
(21) Desigual会社概要より。We are not the same. The only one for youがデザインコンセプトである。
(22) 2011年11月26日，福岡地所へのヒアリングによる。
(23) 阿部（2006，p.204）。
(24)「内装，外装もそうですが，当初予定していたメーカーのエスカレーター調達が滞り，急きょ他メーカーに変え調達できたことでオープンに間に合いました」というように困難な状況を克服しての第2キャナル建設であった。
(25) 東郷（2011，p.28）。
(26) キャナルシティ博多，マリノアシティ福岡，リバーウォーク北九州，木の葉モール橋本は，ディベロッパーである福岡地所が展開する商業施設である。
(27) 2011年11月26日，福岡地所へのヒアリングによる。
(28) 顧客にとってアプリへの移行により，受けられるポイントやポイントの確認もしやすくなるというメリットがあることから移行を進めている。
(29) 図表1-1で示したように，博多駅，キャナルシティ博多，天神は距離的にほぼ1マイルであるためこのように呼ばれている。

参考文献

阿部真也（2006），『いま流通消費都市の時代―福岡モデルでみた大都市の未来―』中央経済社。

阿部真也・藤澤史郎・江上哲・宮崎昭・宇野史郎編（2003），『流通経済から見る現代―消費生活者本位の流通機構―』ミネルヴァ書房。

石井淳蔵・向山雅夫編（2009），『小売業の業態革新』中央経済社。

石原武政（2005），「小売業における店舗規模と外部性」『経営研究』（大阪市立大学経営学会）第56巻2号，pp.1-29。

宇野史郎（1998），『現代都市流通のダイナミズム』中央経済社。

浦郷義郎（2008），『ゼロ距離マーケティング―なぜ，あの会社はリピーターが多いのか？―』PHP研究所。

加藤司（2005），「ネットワークとしての流通システム」『経営研究』（大阪市立大学経営学会）第56巻2号，pp.63-82。

加藤司・石原武政編（2009），『地域商業の競争構造』中央経済社。

川嶋幸太郎（2009），『ファストファッション戦争』産経新聞出版。

小嶋彰（2010），『スペースブランディング』商業界。

小林哲（2006），「顧客視点のPB分析―ブランド研究における伝統的二分法の再考―」『経営研究』（大阪市立大学経営学会）第56巻4号，pp.193-213。

髙嶋克義・西村順二編（2010），『小売業革新』千倉書房。

関根智子・牟田浩二・高阪宏行・斎藤参郎・中嶋貴昭・山城興介（2018）「商業施設間のトリップ連鎖分析―週末における福岡市天神地区の事例―」『地域学研究』第38巻3号，pp.789-804。

樗木武（2012），「福博都心地域の整備のあり方に関する一考察」『都市政策研究』（福岡アジア都市研究所）第13号，pp.21-31。

塚田朋子（2009），『ファッション・マーケティング』同文舘出版。

月泉博（2007），『「流通戦略」の新常識「超成熟消費時代」を勝ち抜く条件』PHP研究所。

東郷作郎（2011），『ポイントカードをマーケティングに使いこなす本』ダイヤモンド社。

ブランドデータバンク（2011），『世代×性別×ブランドで切る！』日経BP社。

松岡真宏・中林恵一編（2012），『流通業の「常識」を疑え』日本経済新聞出版社。

柳井正監修（2011），『ユニクロ思考術』新潮社。

矢作敏行（2011），『日本の優秀小売企業の底力』日本経済新聞出版社。

渡辺米英（2012），『無印良品 世界戦略と経営改革』商業界。

Chernev, A., R. Hamilton and D. Gal（2011）, "Competing for consumer identity: Limits to Self-Expression and the perils of Lifestyle Branding", *Journal of Marketing,* Vol.75, No.3, pp.66-82.

Dunne, M.P., R.F. Lusch and J.R. Carver（2011）, *Retailing,* South-Western Cengage Learning, Mason.

Guenzi, P. and S. Geiger（2011）, *Sales Management a Multinational Perspective*, Palgrave Macmillan, New York
Haghirian, P.（2011）, *Japanese Consumer Dynamics*, Palgrave Macmillan, London.
Lane, N.（2011）, *Strategic Sales and Strategic Marketing*, Routledge, New York.

◎ 参考資料

『日経ビジネス』「半径500mシェア100%主義」2011年7月4日。
『日経ビジネス』「流通進化論『逆境』で拓く新市場」2011年8月22日。

第 2 章

地域流通における
ブランドの意義

I　地域における小売とブランド

バブル経済崩壊後，地方の小売市場は大きく変化していった。地方資本の中小スーパー，百貨店が全国展開のショッピングセンター，百貨店との競争激化で閉店に追い込まれていったからである。地方小売りはバブル期に店舗数を増やし，多角化を計りつつも，店舗が立地する地域のニーズに合わせた品揃えを行い地域密着型商業者として成り立ってきた。しかしイオン，イズミなど大規模ショッピングモールの地方への進出は顧客層に対し多様な品揃え，広大な駐車場を完備し，地方小売りから徐々に顧客を奪っていった。地方小売りはこれらに対抗するために，何らかの差別化戦略を講じなければ生き残れなくなっていった。

例えば熊本にはニコニコ堂，寿屋といった地元に根付いたスーパーが存在していた。バブル期にこれら2つのスーパーは店舗数を増やしたが，2002年には閉店を余儀なくされた。現在，残された店舗はイオンやイズミ等に買収され，ゆめマート，マックスバリュとして新たな店舗として活用されている。加えて2015年春に閉店した県民百貨店も集客力に勝るショッピングモールに顧客を奪われてしまったことが閉店の1つの要因になったと考えられる。

これら地方小売市場変化の誘因には2000年代から2010年代にかけて急速に拡大したコンビニエンスストアの増加も忘れてはならない。コンビニエンスストアの増加は消費行動に大きな変化をもたらした。これまでは，例えば10時開店，20時閉店というように店舗の開店時間が設けられていた。しかしコンビニエンスストアの発現によって24時間営業という新たな選択肢が追加された。これにより消費者は営業時間を気にせず来店できる利便性とその快適さに気付いてしまった。

近年ではさらに進化し，セブン－イレブンのセブンプレミアム，ローソンのローソンセレクトに見られるようなプライベート商品（以下，PB商品）の開発に注力し，ヒットしている。コンビニは既存のスーパー，ショッピングセンターとの明確な違いを武器にニーズ喚起だけでなく，今では地域貢献にまでも積極的に乗り出してきたのである。

これらは当然のことながらメーカーの小売り対応策にも影響を与えた。1994年山崎製パンが自社系列のコンビニエンスストアとのチャネル問題から，特定小売りの専用商品はつくらないとしてセブン－イレブンからのPB商品開発依頼を拒否したことがあった。これが後のセブン－イレブンのPB商品開発を加速させる前兆になったとも考えられる。その後，セブン－イレブンはセブンプレミアムというPB商品を立ち上げ，セブン－イレブンブランド商品を製造してくれるメーカーを探し，商品構成を充実，徹底的な味の追求や価格を吟味したことで人気商品を生み出し差別化に成功した。

別の視点でいうと1991年10月から小売りとして山口，岐阜，栃木の3県にて6か月間の実験を経て全国に広がった「道の駅」も1つの小売り形態として見逃すことはできない。2014年3月には全国で1,014駅にまで拡大している。地産地消を目的とし，地域にある商品のブランド化にも一役買っている。当該道の駅でしか買えない地域の特産品も多くあり，地元の野菜や加工品のブランド化に一役買っている。これら地域のブランド化に関しては田中ほか（2012），田村（2011）らが着目し研究も進んでいる。

筆者はこれら小売市場の変化において着目するべきは商品差別化と考えている。地域色のでる野菜や肉，加工品といったものは消費者の心をつかむ。メーカーはこうした特色のある商品開発には意欲的である。本章ではこれらを考察するため，筆者が商品開発に携わったパンの事例を基に地方で売れる商品の開発と流通に関して考察していこうと思う。

Ⅱ 商品とブランド

メーカーはレギュラー商品，季節商品，地域限定商品等，さまざまなバリエーションをラインナップし，消費者ニーズを刺激し続けている。これらの中にはブランド化に成功し，定番商品として長年売上を計上している商品，バリエーションを増やし，売り上げ増を図る商品などがある。バリエーションの増加は，多品種少量生産を加速させる方向に働く場合もある。

出家（2003）は2000年代当初の食品に関して「マスマーケットを形成した食品市場を背景に大量生産・大量消費型の生産・消費システムが形成され『規模の経済性』を軸とした生産者優位の生産体制が構築された。」と述べ，「見込み需要を想定した大量生産体制は流通過程で流通時間の延長を引き起こすことになる。そこから必然的に製品寿命の延長を必要とするようになった。」と食品市場の事情が添加物なしでの流通を困難にしたという[(1)]。

事実，生産者であるメーカーはバブル経済崩壊後，不景気から抜け出せない状況が長期間続き，消費が冷え込んでいることに加え，1970年代から構築されてきた大量生産・大量消費型の生産・消費システムを見直さざるを得ない時期に来ていた。見込み需要を想定した大量生産体制は流通時間の延長を引き起こし，必然的に製品寿命の延長が必要になったとの指摘もある。消費者ニーズの多様化に対応するため，今まで使用を避けていたような原料も使われるようになってきた。

例えば菓子パンとして，あんぱん，ジャムパン，ピーナッツクリームパン，クリームパンといった従来からの定番商品は中身に加工原料を使用したものが多い。加工原料は，熱処理や加糖により日持ちがよくなる。しかし，新商品で顧客を増やしたいメーカーは，ソーセージ，メンチカツ，アップルパイといった品質劣化が早く，単独で食材として成立するものまで原料として使用するようになってきた。出家（2003）はメーカーがコストパフォーマンスと品質保持のために食品添加物を使用せざるを得なくなったことを指摘したものと考えられる。本章ではパンメーカーの商品ブランドを事例に論じていくが，2010年代になった今日においても，出家（2003）の指摘は正しいのであろうか。

ここでは商品と後述するブランドに関しての管理について整理しておこう。図表2-1を参照いただこう。商品開発を行う際の考え方である。例えばパンの場合，コアに該当する部分は，パンの基になる生地ということであり，アクチュアルに該当する部分が食パン，菓子パンというパンの実体がこれに該当する。オーグメントに該当するのが餡，ジャム，ソーセージ，メンチカツ等のパンの中身や味の主体に付加価値を付与することになる。同一コアであっても，アクチュアル，オーグメントにかかる要因の工夫次第で，多くのバリエーションをつくることができる。メーカーはオーグメントにかかる要因を工夫することにより，商品ごとに特徴を持たせ

図表2-1　商品の3層構造

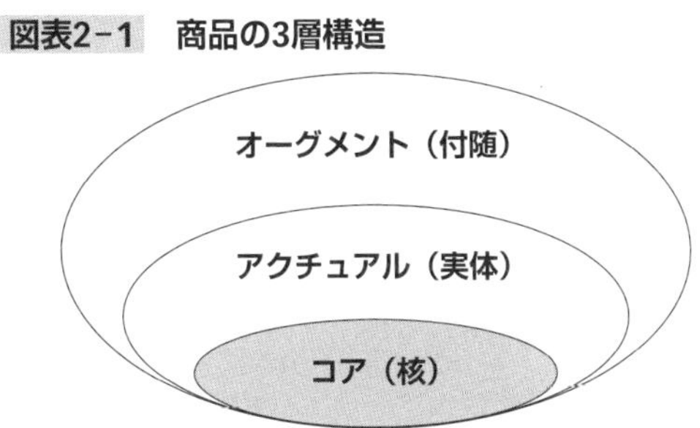

出所：Darroch（2014，p.85）を筆者一部修正。

ニーズに対応することができるということである。

しかし多くの商品が開発されラインナップが増えてくると，それらを管理する必要がでてくる。例えば山崎製パンを例にとると手軽に食べられる「ランチパック」，高級食パンの「ロイヤルブレッド」といった商品ごとの特徴を活かしながらブランド管理をしていく必要があるということである。**図表2−2**は自社ブランドをどのように管理するべきかの概念図である。初めに定義に該当する部分，商品ごとに戦略をたて，自社の他ブランドを考慮しながら商品独自のブランドを付与するか考える。次にデザイン，商品カテゴリーにおける商品の位置付けを考える。最後に商品のブランドを構築していくために，どのようにプロモーションを行い，定番商品として支持されるようにマーケティングを展開するのかを考える。このマーケティングが成功すれば，商品はロングセラー商品として資産価値を持つことになる。定着した商品では顧客の期待を裏切らないように厳しくかつ丁寧に品質管理をしていく。

そして商品ごとにブランドを管理し，定番商品，季節商品，地域限定とさまざまなバリエーションを市場に発信していく。ブランド管理はこれら定義，デザイン，配信を繰り返し見直していく必要があるということなのである。

図表2−2　自社ブランド管理

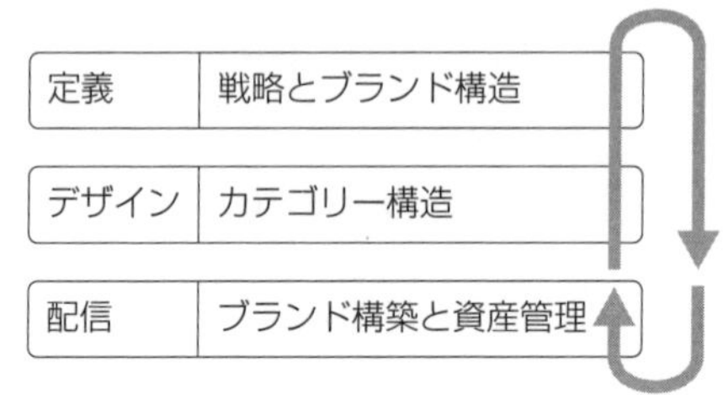

出所：Perrey and Spillecke（2013，p.100）を筆者一部修正。

 山崎製パンの地域限定戦略

1. ランチパックとは

ここでは山崎製パンのランチパックを事例に考察していく。山崎製パンは国内最大手のパンメーカー。その商品構成は大きく食パン分野と菓子パン分野にわかれている。ランチパックは菓子パン分野の主力商品であり，ランチパックの専用ホームページも開設され，常に情報発信を行っているブランドである。

ランチパックは1984年にピーナッツ，ヨーグルト，青りんご，小倉の4品からスタートした。パン生地はランチパック専用につくられ，焼きあがった食パンに具材をのせサンドし，耳の部分をカットして包装される。この工程に要する時間は約1分40秒，四方が圧着される。片手で周りを汚さず，食べやすさを追求した結果である。パッケージに関しても一工夫がある。袋の中に空気を入れ通常の包材よりも厚くすることでバッグなどに入れてもつぶれにくい。

製造工程で出る耳の部分も無駄なく利用する。耳の部分はラスク(2)にして，別ブランド商品として販売している。ランチパックは毎月新商品が出され，1年間に約50種類のレギュラー商品，ほかに地域限定商品も販売される。またレア商品をラインナップし，1年間で約4億個が製造されている。

パッケージキャラクターにはちゃんと名前があり女の子が「ランチちゃん」，男の子が「パックくん」である。「おいしそう」と喜ぶかわいいランチちゃん。それをサポートするたくましく優しいパックくんという設定と

なっている[3]。

またランチパックには専用ショップがあり，山崎製パンの菓子パンカテゴリー中でも重視されているブランドの1つである。ランチパックショップはつくばエクスプレス秋葉原駅，JR 山手線池袋駅北改札口前に展開されている。ここに行けば地域限定商品やレア商品も購入できるのだから，ランチパックファンでも，そうでなくても楽しめるショップになっている。

山崎製パンは東京千代田区に本社を置き，国内に北は北海道から南は熊本まで 26 の工場があり，中央研究所も有している。九州には福岡工場，熊本工場の 2 つの生産拠点がある。山崎製パンの場合，これら工場ごとに地域の人たちの好みに合わせた地域限定商品などを開発。商品開発の権限もそれぞれの工場に譲渡されているため，迅速で地域密着型の商品開発ができるという仕組みがある。

ここでは福岡工場と熊本工場の 2 拠点合同で行われた九州地域限定商品のキャンパスランチパックを事例に考察していく。

2. キャンパスランチパック

キャンパスランチパックは九州地域限定商品として熊本学園大学，西南学院大学，福岡大学，九州産業大学の学生達がランチパックブランドイメージ[4]を保持しながら，自分たちが所属している大学をアピールすることを目的に開発が進められた。ランチパックの九州地域浸透を目指すだけでなく，4 大学が競い合うことで販売数増をも狙ったものである。ほかにも工場に隣接する大学の学生を活用することで，福岡工場と熊本工場の企業としての地域貢献の意味合いも含まれていることは言うまでもない。山崎製パンはこれまでもキャンパスランチパックの取り組みを各地で行ってきた。例えば関東では早稲田大学，明治大学，法政大学，立教大学で商品開発を行い，学生を対象にランチパックファンを増やす，一大イベントとも言い換えることができる。その折には一時的ではあったが最も売れた明治大学バージョンは，レギュラー商品を販売数で上回るほどの盛り上がりをみせた。

ランチパックの売り上げ上位3品は長年，不動のピーナッツ，タマゴ，ツナマヨネーズである。山崎製パンの工場が地域限定商品を商品化ができることは，新たなニーズの掘り起こしをスムーズにしている。いつの日か上位品にくいこむことを目指し，工場のモチベーションも上がれば，お互いに損はない。

ここでは新商品開発に際し，どのようにして新たにブランドを構築していくのか見ておきたい。田村（2006）は「マーケターは，最適な多様性とは何かを再考してみる価値がある。とくに再考を要する製品分野は，食品，呉服，カメラ，パソコン・周辺機器，電話・ファックス類，カー用品などだ」と指摘する[(5)]。このように指摘する理由は，これらの商品は選択多様性，店舗間価格分散，メーカー間品質分散，商品間品質分散が高く多様化が進んでいるからであるという。

波積（2002）は消費者とブランドに関して「ブランドは，純理論的に消費者の主体的（無意識・意識的であるかを問わず）関与の下，独自の商品世界をもち，商品独自の価値世界の中で差異化が行われることによって成立するものでなければならない。」と指摘する[(6)]。

また加藤（2006）は「メーカーが需要喚起のために頻繁に新製品を導入すると，いわゆる売れ筋商品と死に筋商品が発生するようになる。売れ筋は追加発注するとともに，死に筋はできるだけ早く売り場から撤去され，新製品と代替えされなければならない」と指摘する[(7)]。

図表2-3　ブランド物語

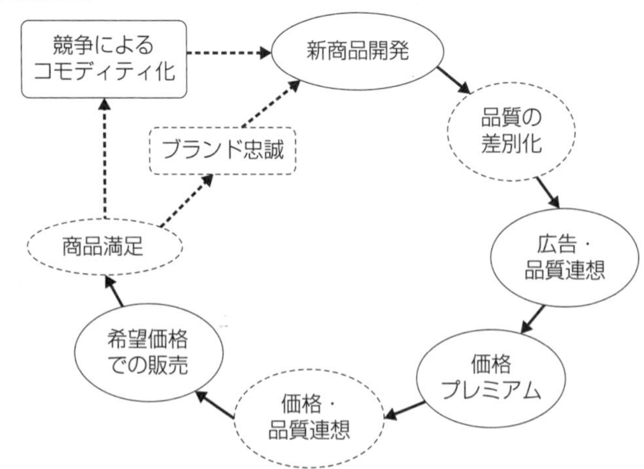

出所：田村（2006，p.77）を筆者一部修正。

それでは**図表2-3**を参照いただこう。田村（2006）は新商品開発に際し，考慮すべき要因は競争によるコモディティ化(8)とブランド忠誠(9)であるという。この2要因を考慮し，新商品開発にあたり品質の差別を考える必要がある。広告は品質を連想させるものを製作し，価格はプレミアムにするのか購入しやすい価格に設定するのか考える。価格は品質にコミットした設定とすべきである。後は小売り段階において希望小売価格で販売してくれるように働きかける。これらの過程を経て，顧客が商品に満足するような商品を提供する必要があるというのである。

それではキャンパスランチパックが，どのような手順で商品開発が進められたのか見てみよう。**図表2-4**はキャンパスランチパックの開発手順を示したものである。

まずは山崎製パンと熊本学園大学が協力してランチパックの九州地域限定商品を開発するという双方の合意形成から始まった。山崎製パンからは

図表2-4　ランチパック開発

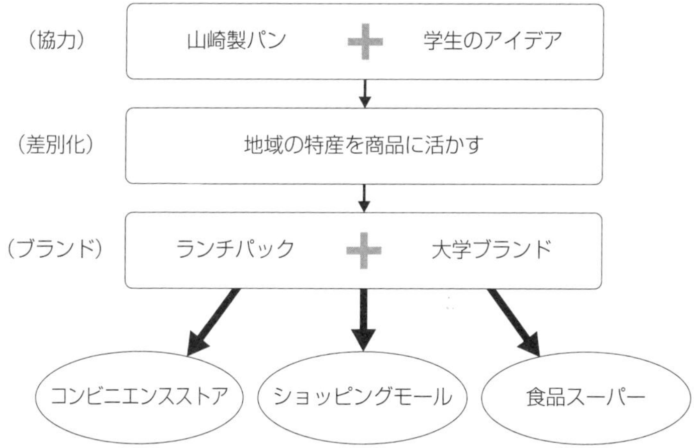

（協力）	山崎製パン	＋	学生のアイデア
（差別化）	地域の特産を商品に活かす		
（ブランド）	ランチパック	＋	大学ブランド

コンビニエンスストア　ショッピングモール　食品スーパー

出所：著者作成。

学生に対し，ランチパックシリーズの１つとして自分の大学をアピールできる商品アイデアを出してほしいとの説明がなされる。その際，山崎製パン側から言われたのは「この商品開発を通して，皆さんがランチパックのファンになっていただければ幸いです」ということ。

初めに取り組んだのはレギュラー商品との違いをどう打ち出すかということである。手始めに全国で販売されているランチパックを持ってきてもらい試食し，すでに販売されている商品の味，パッケージングとダブらないように細心の注意を払いながら，九州地域限定商品として差別化できるような商品にしようと試行錯誤が始まることとなる。

図表 2-5 を参照いただこう。そこで着目したのが熊本の農作物収穫量である。トマトは全国生産量の14.4％を占め，九州内では約60％の収穫量を誇っている。ほかにもいぐさが98.1％，すいかが15％，デコポンが40.7％，なつみかんが25.9％を占める。レギュラー商品との差別のために，

図表2－5　くまもとの農業2014

	区分	単位	全国	九州	熊本	熊本の全国に占める	
						順位	割合（%）
農畜産物の収穫量（24年）	トマト	千t	722.4	172.4	104.3	1	14.4
	いぐさ	千t	10.6	10.6	10.4	1	98.1
	すいか	千t	370.3		55.5	1	15
	デコポン（23年）	千t	48.9		19.9	1	40.7
	なつみかん（23年）	千t	37.4		9.7	1	25.9
	宿根カスミソウ	千本	59,400		23,700	1	39.9
	くり	千t	20.9		3.1	2	14.8
	なす	千t	327.4	65	30.6	2	9.3
	しょうが	千t	54.6		6.9	2	12.6
	トルコギキョウ	千本	101,900		10,600	2	10.4
	メロン	千t	176.3		26.5	3	15
	いちご	千t	163.2		12.1	3	7.4
	うんしゅうみかん	千t	846.3		84.4	4	10
	肉用牛（25年）	千頭	2,642	946.4	134.9	4	5.1
	（内）あか牛	千頭	21.7	15.6	15	1	69.1

出所：熊本県HP「くまもとの農業2014」（http://www.pref.kumamoto.jp/kiji_6625.html〔2014年9月1日閲覧〕，p.22）より筆者作成。

これら全国１位の農産物を原料に，熊本をアピールできる製品にしたらどうかという意見が出され，商品企画がスタートする。また全国で２位のくり14.8%，なす9.3%，しょうが12.6%をはじめ，３位のメロン，いちごを含めてこれらを使った商品を考えてみてはどうかということになる(10)。結果的にこれらを使った案として120あまりが考案され，山崎製パンに示されることになる。

山崎製パンは120あまりの案を精査し，これらの中から13の試作品をつくることになった。山崎製パンでは材料調達のしやすさ，工場ラインでの製造のしやすさ，消費期限が３日程度という要件を満たせるかどうかということが考慮された。要件をクリアしたこれらの試作品を５段階評価で評価し，人気の試作品をさらに選別していくことになったのである。

選考を進んだ試作品は，いきなり団子[(11)]風，バナナクリーム＆ミルククリーム，いちごジャム＆カスタードホイップ，マロンクリーム＆ホイップ，カスタード＆チョコクリーム，晩白柚[(12)]ジャム＆ホイップ，からしレンコン[(13)]風，トマトソース＆クリームチーズ，カツライス風，きんぴらごぼう，メンチカツ＆チーズ，チキンカツ＆トマト，馬肉カレー＆チーズである[(14)]。これらの中で，いきなり団子風，からしレンコン風，きんぴらごぼう，馬肉カレー＆チーズは，熊本の郷土料理であり，ランチパックで表現できないかという学生達からの要望も強かった。

試作を重ねていく中で，からしレンコン風は意外にも高評価だった。しかしランチパックを冷蔵する必要があり消費期限も短いというのがネックになった。きんぴらごぼうは若者層にうけない。馬肉カレー＆チーズはおいしいが，コスト高になってしまう。バナナクリーム＆ミルククリーム，いちごジャム＆カスタードホイップ，マロンクリーム＆ホイップ，カスタード＆チョコクリーム，晩白柚ジャム＆ホイップは，レギュラー商品とのはっきりした味の差がでなかった。カツライス風，メンチカツ＆チーズ，チキンカツ＆トマト，馬肉カレー＆チーズはコストの問題で脱落してしまった。

ここでコストというワードが出てくるが，これは小売価格をいくらにできるかという意味のコストである。価格は品質を連想させる1要因とはいえ，目標の販売希望価格は160円前後としてスタートした。フルライン戦略をとる山崎製パンの他の商品と価格帯がかぶらないようにすることで無用の自社内製品競争を避けることができる。菓子パンは100円からスタートし，150円，200円と大まかなくくりによって分けられている。メロンパンやジャムなどをサンドした商品だと100円から120円程度であり，サンドする具材によって価格が上昇してくる。ちなみに試作品としてつくったバナナクリーム&ミルククリーム，いちごジャム&カスターホイップ，マロンクリーム&ホイップ，カスタード&チョコクリーム，晩白柚ジャム&ホイップ等はジャムに加え，ホイップクリームやチョコクリーム等が加わることにより，価格帯が150円前後まで上昇した。またからしレンコン風，カツライス風，きんぴらごぼう，メンチカツ&チーズ，チキンカツ&トマト，馬肉カレー&チーズになってくると，レンコン，カツライス，きんぴらごぼう，メンチカツ，チキンカツ，馬肉などは原料価格が高く，販売価格が200円前後になってしまった。

なぜ200円前後(15)になってしまったらいけないのか。それは山崎製パンの商品戦略上，菓子パンの上位商品となる調理パンと価格帯が重なってしまうからである。ここでいう調理パンとはサンドイッチのことである。200円前後から250円前後が価格帯としてサンドイッチの価格帯となっている。

これらの要因を考慮しながら試作品を絞った結果，トマトソース&クリームチーズが最も商品として実現しやすいのではないかということになった。トマトは調査によれば男性，女性共に好きな野菜のトップにもなっており(16)，熊本県の特産品でもある。先に述べた要件もクリアし，この商品案に決定されることになった。

それではなぜランチパックの名前が「ピザソース&チーズ風味」となったのか説明しておく必要があろう。1つはトマトという名が前面に押し出されるとトマトが嫌いな人たちにとって，それだけで購入機会を失ってしまうのではないかという配慮からである。

もう1つはトマトが水分を多く含んでいるため加工して使用しているからである。パンにスライスして直接サンドすることはむずかしい。そこでペースト状にしてできるだけトマトの風味を残しながら，水分を少なくする必要があった。すべての水分をなくすことはできないが，水分が多く含まれているとパン生地が水分を吸ってしまい味や食感，さらには商品としての見た目が悪くなるうえに，日持ちしない。そこでチーズを内面にコーティングし，水分の吸収を抑え，トマトの風味を活かすことにした。もうここまでくるとトマトというよりピザソースに近い。それゆえ商品のネーミングを「ピザソース＆チーズ風味」とした。「熊本産トマトのピューレを使用したピザソース」とパッケージに明記する苦肉の策で地元をアピールした。またキャンパスランチパックということでシンボルマークと大学名が明記されたため，学生達も商品開発に携わった商品のいく末を興味深く追跡するという願ってもない結末を迎えた。

商品開発にあたっては近年の消費者動向に関しても情報収集が行われた。食に関する傾向として日本政策金融公庫が2009年から行っている消費者動向調査から，食の志向の変化が見てとれる。2014年は前年に続き，「健康志向」が最も多く，続いて「経済性志向」，「簡便化志向」が食品を選ぶ際の傾向として示されていた(17)。2014年から消費税率がアップしたが，この5年間これら3志向は変化していない。つまりこの3志向を踏まえた商品でなければ，売れないと考えられるのである。

「健康志向」，「経済性志向」，「簡便化志向」という3つの要因に関して，キャンパスランチパックはどのように対応したのであろう。熊本学園大学のランチパックは，「健康志向」という意味ではトマトとチーズを使ったのは評価される。それに「経済性志向」という意味合いでは販売価格が消費税込み173円で販売されることになった。福岡大学バージョン，九州産業大学バージョンが200円前後の価格になったのと比較すれば4品並べた場合，少なからず「経済性」をアピールすることができる価格を実現することができた。

「簡便化志向」に関しては，ランチパックが本来持っているコンセプトであるサンドイッチのようにランチ時に手軽に食べられる菓子パンという

写真2-1 キャンパスランチパック

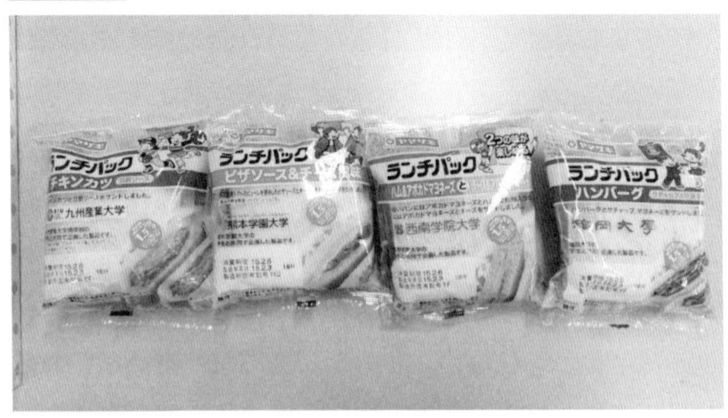

出所：筆者撮影（2015年2月3日）。

コンセプトを押さえて開発されている。それゆえキャンパスランチパックは「簡便化志向」にも十分に対応できるのではないかと考えられたのである。

学生たちがさまざまなチェックポイントをクリアしながら出してきた新商品が，**写真2-1**に示されているキャンパスランチパックである。九州産業大学は「チキンカツ　甘酢ソース」(18)，熊本学園大学は「ピザソース&チーズ風味」(19)，西南学院大学は「ハム&アボガドマヨネーズとチーズ&アボガドマヨネーズ　2つの味が楽しめる」(20)，福岡大学は「ハンバーグ　ケチャップ&マヨネーズ」(21)という商品として2015年1月26日から販売されたのである。

3. キャンパスランチパックのプロモーション

商品が完成したら，当然，次は販売である。自分たちの手掛けた商品を顧客層に向かってプロモーションする必要がある。今回，その場がランチパックのパッケージ製作である。商品プロモーションは2010年代になっ

図表2-6　マーケティングの変化

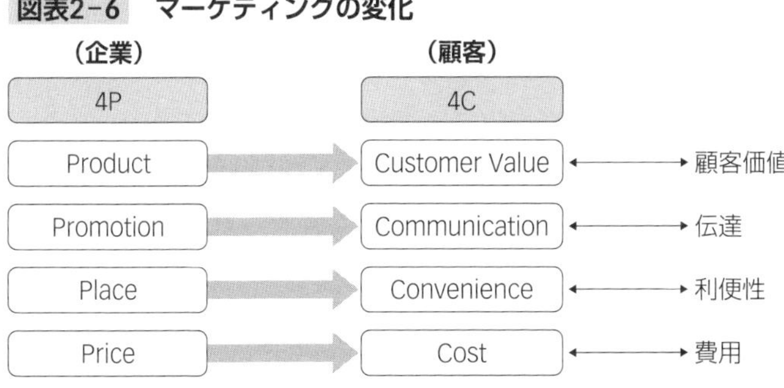

出所：辻（2010，p.67）より筆者作成。

て1990年代後半から普及したインターネットを効果的に使うことが重視されるようになってきている。

図表2-6を参照いただこう。インターネット時代になって，これまで重視されてきた企業視点のマーケティングから顧客視点のマーケティングへ変化してきている。これまで重視されてきた企業視点に立ったマーケティングの4P（Product, Promotion, Place, Price）が，顧客視点の新たな要因4C（Customer Value, Communication, Convenience, Cost）が重視されるべき要因へと変わってきたと辻ほか（2010）は主張する。周知のように4Pに関しては，先行研究により十分に議論がなされてきた。それゆえここでは顧客の視点に立った4Cについて見ておくことにしよう。

顧客視点からマーケティングを見ると4Cという要因が重視されるべきであるとされる。4Cとは顧客価値，伝達，利便性，費用の頭文字をとったものある。この中で特に重視されるのが伝達と顧客価値である。辻ほか（2010）は「伝達は，以前から情報という形で大切なマーケティングの要素であることは言われてきた。ただし，ここでいう伝達は，単純に情報を伝えるだけではない。たとえば，その製品の価格，サイズ，色，デザインを伝えるだけではなく，生活の中でその製品がどのような位置を占めるのかという事も伝える。それは顧客に『気づき』を与えることになる。位置というのは，生活の中で道具として役に立つだけではなく，そこにどのような価値があるのかも伝える」と説明する[22]。

筆者も商品プロモーションに関しては顧客の視点が重要であると考えている。それではここでキャンパスランチパックに関して，顧客の視点から商品プロモーションを分析しておこう。

図表 2-7 は商品を消費者の生活感と価値観にどのように伝えるのかが示されている。商品は素材・材料，色・デザイン，分量・サイズにより構成される。これを広告・広報により商品を認知させ，売り場にて商品に触れてもらうことで生活の中でどのような価値があるのかを伝えることになる。ここで話をランチパックに戻す。

熊本学園大学のランチパックのパッケージでは，商品名のところに赤色を配しトマトを想起できるようにした。**写真 2-1** を見てもらえればわかるが，女の子がトマトを持ち，男の子がチーズを持っている。2人はさりげなく熊本学園大学のシンボルマーク入りのハッピを着て，熊本学園大学をアピールしている。また「熊本県産トマトのピューレを使用したピザ

図表2-7　消費者の生活と価値観に商品をどのように伝えるか

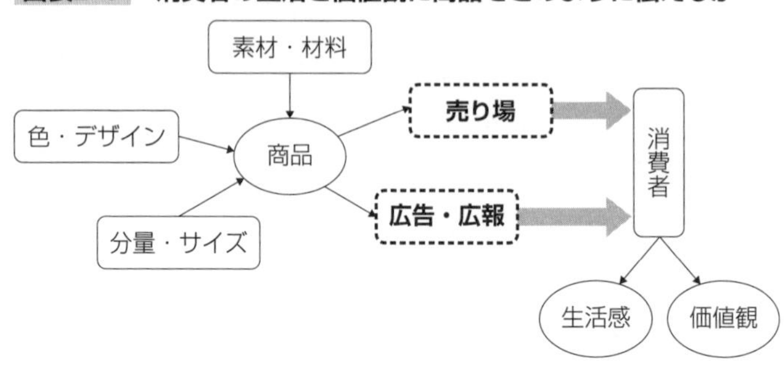

出所：辻ほか（2010，p.68）を筆者一部修正。

ソースとクリームチーズ風味のドレッシングをサンドしました」というフレーズの中で熊本産と明記することで，すでにそのブランドを知っている人には「うまいはずだ」と安心感を与える。ブランド力というのはある種の太鼓判と言い換えることもできるだろう。

商品開発と同時に販路確保のため，山崎製パンによる売り込みも行われた。山崎製パンは2015年1月16日からスーパーやコンビニエンスストアに対し「キャンパスランチパック」シリーズ(23)の概要と個々の商品の特徴をアピールした。セブン－イレブンでの取り扱いは実現しなかったが，イオン九州，ゆめタウン，ローソン，ファミリーマート，ヤマザキデイリーストア等，山口県下関を含め，九州全県で2015年1月26日から「キャンパスランチパック」が発売された。一例をあげるとイオンモール熊本の場合，発売から1か月ほどキャンパスランチパックの特設コーナーがつくられ各大学で考案された4品が並べられた。熊本以外でも福岡県のイオンモールでキャンパスランチパックのコーナーを設ける店舗もあった。

広告としては山崎製パンのランチパックホームページからの情報発信に加え，各大学のホームページからも山崎製パンとのコラボ商品「キャンパスランチパック」として情報発信がなされた。開発に携わった学生たちもソーシャルネットワークを使って告知したり，友人や家族，大学職員の方々も巻き込みアピールした。

意外なところでは，『熊本日日新聞』の2015年2月2日にキャンパスランチパックの取り組みが記事として取り上げられ，加えてケーブルテレビのJ:COMの地域のニュースにも取り上げられたことで，商品名は九州全県に拡大していくことになる。

これらは多少なりとも消費者の目や耳にとまるきっかけとなり，購買意欲を刺激する要因となったと考えられる。当然のことながら，開発に携わった学生たちがソーシャルネットワークを使い流した情報から，「キャンパスランチパック」は，まず各大学の学生達に多く購入されていくことになる。

4品のうち販売数が多かったのが，福岡大学と熊本学園大学の「キャンパスランチパック」であり，発売から1か月で福岡大学バージョンが約5万7千個，熊本学園大学バージョンが約5万4千個，西南学院大学と九州産業大学バージョンの4万個代よりも販売個数で大きく上回る結果となったのである。

Ⅳ 地域限定と商品差別化

本章で考察してきた「キャンパスランチパック」は期間限定，九州地域限定商品としてはまずまずの成功を収めたと考えられる。その理由の1つが販売個数である。1か月で5万個というのがヒット商品の1つの目安(24)となっており，福岡大学と熊本学園大学バージョンの「キャンパスランチパック」はこの目安を超える販売個数を示したからである。

ランチパックは1984年の販売開始以来，顧客ニーズに合わせた商品を市場に提供してきた。それゆえ菓子パンブランドとして顧客から十分認識されていると考えられる。「キャンパスランチパック」がこの販売個数を達成できたのは，「ランチパック」というブランド力があっての個数であると言ってもよい。熊本学園大学のランチパックの売れ行きを左右したのは，加えて商品を売る場としての地元の小売り店舗の協力もある。イオンモール熊本，ゆめタウンはませんといったショッピングモールに加え，マルショク，サンリブ，熊本市内にあるマックスバリュ，ゆめマートをはじめとした小売店が熊本学園大学バージョンの「キャンパスランチパック」

を店頭に置いて取り揃えてくれたことが大きい。

ニコニコ堂，寿屋なき後，これら大規模資本の小売店舗が期間限定，九州地域限定商品を取り扱ってくれた大きな要因として，やはり山崎製パンランチパックブランドの1つであるということが影響している。山崎製パンの2大ブラントと言えば，「食パンではロイヤルブレッド[(25)]，菓子パンではランチパックだと思います。」[(26)]というようにメーカーもこれらのブランド商品には自信を持っている。抜群の認知度と安定感の証である。「キャンパスランチパック」は「ランチパック」ブランドの派生版であるからこそ，消費者は安心して未知の商品に興味を持てる。ブランドの力を活用した挑戦だと言える。

熊本がトマトの生産量国内1位は周知の事実で，トマトと言えば熊本と想起されるブランド力があると考えられる。これに山崎のランチパックというブランド力が加わることになった。それゆえ熊本のトマトを使っているということで「おいしそう」と消費者に想起され，ランチパックというブランド力により，熊本学園大学バージョンの「キャンパスランチパック」は熊本をアピールすることができたのではないかと考えられる。価格に関しては税込み173円と若干，レギュラー商品よりも割高となってしまったが，期間限定，九州地域限定商品であるということが，かえってプレミアム感を生じさせたと考えられる。誰でも買える価格に収まったことと商品開発に携わった学生たちのソーシャルネットワークサービスをつかった情報発信のおかげで学生達が購入に至った。情報発信後，購入者がコメントを書いてくれることでそれが口コミ効果となり，拡散された。もちろん他大学と競っているということも周知され，1か月で5万個を販売することができた1つの要因と考えられる。

山崎製パンによる「キャンパスランチパック」の取り組みは，変化し続ける地方小売市場において注目すべき商品差別化の1つの方法と考えられる。メーカーは地域に密着した商品開発をその地域の人や特産品，知恵までも使い商品化することで，より身近なメーカーとして共存していると考えられる。

注

(1) 出家（2003，p.145）。

(2) 2015年10月現在，「ちょいパクラスク」という名で商品として販売されている。コンポタージュ味，フレンチトースト味，ピーナッツ味，チョコ味，チェダーチーズ味，バニラ味，の6種をライナップしている。

(3) ランチパックHP（https://www.yamazakipan.co.jp/lunch-p/index.html〔2015年10月23日閲覧〕）。

(4) サンドイッチの「美味しさ」と「手軽さ」，そして携帯できる「便利さ」を持った手軽に食べられるランチ。

(5) 田村（2006，p.75）。

(6) 波積（2002，p.43）。

(7) 加藤（2006，p.92）。

(8) コモディティ化とは市場に参入した際に，高付加価値を持っていた商品の市場価値が低下し，一般的な商品になってしまうことをいう。そのため付加価値をつけて差別化を図ったりする。コモディティ化が起こると特徴が薄れ，消費者にとっての商品選択の基準が市場価格や量に絞られるようになる。

(9) ブランドロイヤリティとも言われる。銘柄忠誠度とも言われ，消費者が商品を購入する際に，同じ銘柄の商品を反復購入する程度のことをいう。反復購入するのが多いほどブランドロイヤリティが高いとされ，それだけ固定客やファンが多いということになる。

(10) 熊本は海や山に面しているため，当初，魚貝類，あか牛を使った案も出された。しかしこれらを使ってしまうと消費期限が短くなり，菌が発生しやすくなるという理由から，案から削られていくことになった。

(11) サツマイモの上にあずき餡をのせ小麦を練って伸ばした生地で包み，蒸した熊本でよく食されるおやつの1つ。近年ではお土産物のとして真空パックや冷凍食品としても販売されている。

(12) 柑橘類，ザボンの一品種。名前は晩（晩生）・白（果肉が白っぽい）・柚（中国語で丸い柑橘という意味）に由来すると言われ，熊本県八代市が主な生産地。現在は八代市の特産品として熊本県を中心に販売されている。

(13) 江戸時代の肥後藩藩主細川忠利が病弱で，それ見舞った禅僧・玄宅が忠利を見舞った際に増血作用のある蓮根を食べるように勧め，藩の賄方であった平五郎が，加藤清正が熊本城の外堀に非常食として栽培していた蓮根に和辛子粉を混ぜた麦みそを詰め，麦粉・空豆粉・卵の黄身の衣をつけて菜種油で揚げたものを忠利に献上したのが始まり。それ以降，藩の珍味栄養食として明治維新まで門外不出とされてきた。現在では一般的に正月などに食される熊本の郷土料理の1つ。（森からし蓮根 HP（http://www.karashirenkon.co.jp/movie.html〔2015年10月27日閲覧〕）

(14) ここで～風となっているのは，例えばいきなり団子風はパンにはさむ具材としてサツマイモをそのままはさんでしまうと消費期限が短くなるという問題から，サツマイモを加工したサツマイモペーストを使用してつくる必要があったためである。

(15) 商品開発を進めるにあたり，レギュラー商品の価格帯と競合しないように当初から山崎製パンと検討しながら商品開発を進めてきた経緯がある。

(16)「好きな野菜『トマト』がトップ」『日経 MJ』2014年9月5日。
男性はトマト，キャベツ，ジャガイモ，女性はトマト，ナス，ジャガイモが好きな野菜とされている。

(17) 日本政策金融公庫 HP（http://www.jfc.go.jp/n/findings/pdf/topics140919a.pdf〔2015年10月27日閲覧〕）。

(18) 学生食堂で一番人気のあるメニューである「中華風からあげ」をイメージしている。

(19) 熊本県産トマトを使用したトマトソースとクリームチーズの「ピザソース」を使用したランチパック。

(20) スクールカラーの緑にちなんだアボガドを使用したランチパック。

(21) スクールカラーのエンジ色にちなんでケチャップとマヨネーズを合わせたハンバーグを使用。

(22) 辻ほか（2010，p.66）。

(23)「売れ筋商品に加え，ご当地グルメを素材にした製品や地産地消商品，他業種とのコラボ製品など，多様なジャンルの製品開発にチャレンジしてまいりました。3年前から，産学連携やキャリア教育への貢献という観点から，具材やパッケージの立案から商品化までの取り組みを大学生と共同で行い，『キャンパスランチパック』シリーズとして販売しています。」と説明している。（ヤマザキ HP「西南学院大学，福岡大学，九州産業大学，熊本学園大学の学生と共同企画『キャンパスランチパック』4品を新発売」『ニュースリリース』2015年1月16日）

(24) 2015年1月26日，山崎製パン熊本へのヒアリングによる。

(25) 2014年度食パン部門販売数で1位を獲得。

(26) 2014年9月10日，山崎製パン熊本へのヒアリングによる。

◎ 参考文献

石井淳蔵・向山雅夫編（2009），『小売業の業態革新』中央経済社。
上坂徹（2015），『なぜ今ローソンが「とにかく面白い」のか？』あさ出版。
恩藏直人・井上淳子・須永努・安藤和代（2009），『顧客接点のマーケティング』千倉書房。
加藤司（2006），『日本的流通システムの動態』千倉書房。
加藤司・石原武政編（2009），『地域商業の競争構造（シリーズ流通体系4）』中央経済社。

消費者庁編（2014），『平成 26 年度版 消費者白書』消費者庁。
白石善章・田中道雄（2004），『現代日本の流通と社会』ミネルヴァ書房。
髙嶋克義・西村順二編（2010），『小売業革新』千倉書房。
田中道雄・白石善章・濱田惠三編（2012），『地域ブランド論』同文舘出版。
田村正紀（2006），『バリュー消費―「欲ばりな消費集団」の行動原理―』日本経済新聞社。
田村正紀（2011），『ブランドの誕生―地域ブランド化実現への道筋―』千倉書房。
辻幸恵・栃尾安伸・梅村修（2010），『地域ブランドと広告―伝える流儀を学ぶ―』嵯峨野書院。
出家健治（1995），「コンビニエンス・ストアの成熟過程とその経営戦略」『商学論集』（熊本学園大学商学会）第 2 巻 1 号，pp.73-96。
出家健治（2003），「食品添加物『新』素材と『新』食品のマーケティング―消費者意識と食品添加物新素材のあり方の変化を関連させて―」『流通』（日本流通学会）第 16 号，pp.145-155。
中西正雄・石淵順也・井上哲浩・鶴坂貴恵（2015），『小売マーケティング研究のニューフロンティア』関西学院大学出版会。
日経 MJ 編（2014），『流通・消費 2015　勝者の法則』日本経済新聞社。
日本政策金融公庫（2014），「消費者―食の志向―」『消費者動向調査』日本政策金融公庫。
日本流通学会監修，吉村純一・竹濱朝美編（2013），『流通動態と消費者の時代』白桃書房。
波積真理（2002），『一次産品におけるブランド理論の本質―成立条件の理論的検討と実証的考察―』白桃書房。
矢作敏行（2011），『日本の優秀小売企業の底力』日本経済新聞出版社。
矢作敏行（2014），『デュアル・ブランド戦略―NB and/or PB―』有斐閣。
吉村純一（2013），「現代マーケティングにおけるカルチュラル・ブランディングの位置―ブランド戦略における歴史性をめぐって―」『流通』（日本流通学会）第 33 号，pp.53-68。
Darroch, J.（2014），*Why Marketing to Women Doesn't Work,* Palgrave Macmillan, London.
Dempster, C. and J. Lee（2015），*The Rise of the Platform Marketer,* John Wiley & Sons, Hoboken.
Perrey, J. and D. Spillecke（2013），*Retail Marketing and Branding,* John Wiley & Sons, Chichester.
Zavattaro, J.M.（2014），*Place Branding through Phases of the Image Balancing Image and Substance,* Palgrave Macmillan, New York.

◎ 参考資料

『熊本日日新聞』「県産トマトのランチパック食べて！」2015 年 2 月 2 日朝刊。

第 3 章

地方メーカーの流通戦略

I 地方メーカーのブランディング

本章で取り上げるのはHITOYOSHIという地方のシャツ専門メーカーである。熊本県人吉市の工業団地に位置し，人吉市近郊に住む人達を従業員として雇用している。元々，HITOYOSHI(1)は親会社で創業123年の歴史を持ち，年間1,300万枚のシャツを製造していたメーカーTOMIYA APPARELの国内工場の1つであった。TOMIYA APPARELは海外3工場，海外協力5工場，国内国内16工場を持っていたが，2009年になって経営破綻したことにより，会社の経営が悪化したのを機に経営転換を迫られたことにより独立したメーカーである。

当時，TOMIYA APPARELの企画・販売部長を務めていた吉國武氏が「生産工場のなかでも高い技術を擁する重要な工場として機能していた人吉の工場の技術を絶やしたくない，職人たちを守りたいとの想いから，工場を独立させた。」(2)というように，社内買収を行い2009年9月に設立されたのである。

これまで熊本県南部の人吉という地方にあったこともあり，相手先ブランドによる生産・企画を主に行ってきた。熊本でもHITOYOSHIの知名度は高いとは言えない状況であった。それゆえ地方メーカーとして生き残っていくために，どうしても自社ブランド商品を確立し，相手先ブランドによる生産・企画に頼らないようにする必要があったのである。これまでも技術的には相手先ブランドの要望に適合できる高いものがあったことから，これらの資産を活かし，自社ブランドとして開発されたのがドレスシャツ「HITOYOSHI Made in Japan」，カジュアルシャツ「trstate」であり，後にこれらが主力商品となり展開されていくことになる。

2012年になるとメイドインジャパンにこだわった直販サービス「ファクトリエ」にも参加して，東京青山にHITOYOSHI直営店舗を開店することになる。翌年には香港に直営店舗を展開，東京・大阪・西宮・博多の阪急百貨店，くまもと県民百貨店と商品の販路を拡大していった。

ここではこのような地方メーカーHITOYOSHIの自社ブランドドレスシャツ「HITOYOSHI Made in Japan」を事例に，熊本という限られた市場における流通戦略を中心に考察を進めていく。特に熊本で活躍する大学生の就職活動を応援するというコンセプトから生まれた「HITOYOSHI Made in Japan」の特別モデル「勝ちシャツ」の開発とくまもと県民百貨店（以下，県民百貨店）とのコラボレーションによる流通戦略を中心に分析を行っていくことにする。

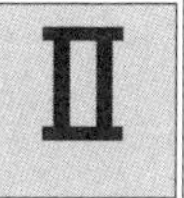

Ⅱ 販路としての百貨店

くまもと県民百貨店は1973年に熊本交通センタービルに開店した岩田屋伊勢丹が母体となっている。その後，熊本岩田屋として岩田屋のみの経営母体となり，営業されてきた。それが2003年に岩田屋が撤退したのを引継ぎ，阪神百貨店と熊本の中小企業の出資により，くまもと阪神として新たなスタートをきることになる。くまもと阪神時代には顧客層からは「くまはん」と呼ばれ親しまれていたが，くまもと県民百貨店となってからは「おくまはん」というクマのキャラクターを登場させ，熊本城が見える休憩スペースなどが設けられていた熊本の百貨店である（**写真3-1**参照）。

県民百貨店は「疲れないデパート」を店舗のコンセプトとしてスタートした。それが2009年になって「一生青春百貨店」にコンセプトを変更す

写真3－1　くまもと県民百貨店

出所：筆者撮影。

る。2010年からは百貨店からのメッセージとして『熊本日日新聞』に「一生青春シリーズ」として一押し商品を記載するようになっていく。後にこの取り組みは，熊日広告賞グランプリとして評価されることになる。

他店にない特徴としては，くまもと阪神からの流れもあって熊本県内唯一の阪神タイガースショップがあったことである。2011年になると県民百貨店と店舗名を改め，ハイランドグループ(3)に加盟して，地域密着型百貨店として展開されることになっていった(4)。

くまもと阪神時代は阪神百貨店と熊本の中小企業の出資で運営されてきたが，県民百貨店となってからは，熊本の中小企業の出資だけで運営されるようになった。熊本の資本で運営されている百貨店ということもあって，熊本の中小メーカーが生産する商品を積極的に取り扱い販売する地域密着型の百貨店として運営されていた。

それに加え店舗の立地が日本最大級のバスターミナルであった熊本交通センターの主要施設の1つに店舗があったこともあり，熊本県内からのバ

写真3-2　熊本県内メーカーによる「くまもとチョコ」

出所：筆者撮影。

スによる交通アクセスも便利な立地となっていた。

2011年2月には熊本県のキャラクターとして「くまモン」が売り出されるようになるとくまモングッズコーナーをいち早く開設している。これまでは各担当バイヤー（主に食品）を中心に，地元熊本に縁の食材や加工食品，酒類などを紹介してきていた。これに加えて，熊本の生産者や企業などいろいろな方々と一緒に「『from Kumamoto』～熊本発～」をコンセプトに商品開発も行うようになっていった。

例えば**写真3-2**のように熊本県内の食品メーカー五木食品と共同開発した「くまもとチョコ」など積極的に熊本県の中小メーカーとの協力を行ってきていた。百貨店であることから高級ブランド品を取り扱うだけでなく，熊本のメーカーの大きな販路ともなっていたのが県民百貨店であった。

HITOYOSHIのシャツも都内の百貨店でしか取り扱われていなかったが，県民百貨店から「一緒に熊本を盛り上げよう」という提案が2011年夏に行われ，オリジナルのシャツを開発。縫製の質は落とさず，手の届く価格を実現し，13種類の製品を2011年11月から熊本県内での販売[5]を始めたのも県民百貨店であった。

Ⅲ 地域でのブランド浸透と流通

1. HITOYOSHIとは

HITOYOSHIは熊本県人吉市に本社を置き，東京の南青山に支店を構えている。東京支店では，生地・デザインの企画・提案に加え，OEM商品受注，納期管理など顧客対応が主に行われている。製造拠点機能は本社にあるが，海外協力工場としてベトナムホーチミンにTOSGAMEXという工場があり，小ロット・多品種生産に対応しており日本向け生産ラインを完備して年間180万枚の商品を生産している。国内にも協力工場として年間10万枚を製造する鹿児島の工場，年間4万枚を製造する熊本の工場を有している[6]。

主な販路の取引先として三越伊勢丹，阪神阪急百貨店，鶴屋百貨店などがある。直営店として東京の渋谷区神宮前にメンズセレクトショップtraste（トルステート）を展開している。

これらの体制を持つHITOYOSHIの戦略は，アパレル製造業のコスティング，マーケティング，ブランディングという3つの環境変化に対応するために練られたものである。コスティングは日本国内での製造コスト増加にともない各メーカーが中国，東南アジアなどへ生産拠点，技術者を移動させたこと。マーケティングはユニクロ，しまむらに代表されるファストファッション等の廉価品が増加したこと。ブランディングは真の商品価値とはどのようなものか，ブランド価値喪失というファッションメーカーにとって大きな問題への対応であることと考えられる。

常に変化を続ける環境変化にHITOYOSHIではどのように対応すべきなのかが考えられた。そして方向性としてMade in Japanにこだわり，価値を見出すことを基本戦略とした。そのためシャワー効果による段階的な商品開発を行い，過度に露出することなく，限定品としての効果もねらって，全社一丸となってブランドの開発・製造を行うことにしたのである。

HITOYOSHIが携わるブランドは「HITOYOSHI Made in Japan」，「La Fête Bleu」，「trstate」，「Covent Walker」，「Factelier by HITOYOSHI」，「H Onigi 1988」であるが，これに加え，百貨店ブランド，セレクトショップブランドなど約70のブランドがある(7)。これらのブランドはすべて自社のブランドにこだわりを持ち，品質的にも妥協しない高級ブランドである。

2. HITOYOSHIのつくる「HITOYOSHI Made in Japan」

HITOYOSHIのつくるシャツとはどのような特徴があるのだろうか。代表的なブランドである「HITOYOSHI Made in Japan」の商品としてのこだわりを紹介しておこう。

図表3-1は「HITOYOSHI Made in Japan」の特徴を「Factelier（ファクトリエ)」で説明しているものである。

その特徴は6点ある。

①襟……外側と内側の内外周差による生地の波打ちをなくすため，円筒の形で縫製。芯地には天然フラシ芯を使用。

②ボタン……高級シャツの代名詞・貝ボタン使用（タカセ貝)，ボタンホールに通しやすいよう片側を浮かせた“鳥足付け”。

図表3−1　「HITOYOSHI Made in Japan」

世界一流ブランドの最高傑作「プレミアムシャツ」の魅力

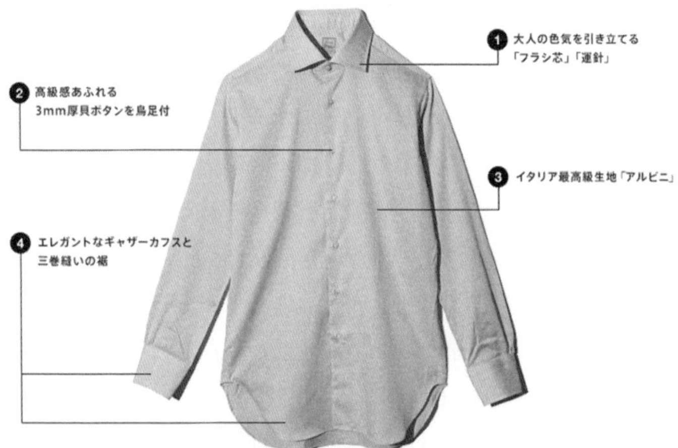

出所：ファクトリエHP（https://factelier.com/〔2014年9月1日閲覧〕）。

③袖付け……袖を少し前身側にずらしてボディに縫製する“セットインスリーブ”にすることで，スムーズな腕振りが可能。

④巻き伏せ本縫い……シャツの裏側に縫い代が出ない“巻き伏せ本縫い”にすることで丈夫で美しく，肌触りのよい着心地に。

⑤カフス……先細型のきれいなシルエットのカフスは，着用する人の手首になじむよう天然フラシ芯を芯地に使用。

⑥裾……三重に巻きながら縫い合わせる“三つ巻き縫い”で仕上げる。カーブしているため高い技術が必要。

これまで高級ブランドシャツを製造してきたノウハウを活かし，大量生産するような商品ではなく，手縫いの部分を残し，手間はかかるが，他社にはないプレミアムシャツに求められる仕上がりを実現している。裏側やボタンホールなど細かいディテールにこだわって職人の技が光る。気合を入れて何かに臨む日にはピッタリのシャツなのである。その商品が「HITOYOSHI Made in Japan」であると言える。

3.「勝ちシャツ」のマーケティング

(1) 商品とブランディング

「勝ちシャツ」とはHITOYOSHIと大学生のコラボレーションで生まれた就活用のカッターシャツなのだが，男性用，女性用の2パターンでつくられた。こだわりの素材と高い縫製技術を持つHITOYOSHIが制作し，「リクルート用に学生ならではのアイデアを盛り込み，上質で快適な着心地で学生たちの就職活動を協力サポートすること」をコンセプトにしていた。

このプロジェクトに参加したのが熊本学園大学であり，製造をHITOYOSHI，販売を県民百貨店が担当することになった。

女性用商品を開発する中で重視されたことは「HITOYOSHI Made in Japan」の特徴である①襟，②ボタン，③袖付け，④巻き伏せ本縫い，⑤カフス，⑥裾という6つを活かしつつ，以下の5つの特性を加えることになった。

①「衿」の特徴

就職活動開始にあたり，普段着なれないリクルートシャツを初めて着た人が感じやすい，「首廻りの窮屈さ」を払拭，かといってだらしなく見えることのないように前を落とした。首廻りを大きくとることで，長時間の着用も楽に，かつ顔まわりもスッキリ見える。

②「丈」の特徴

就職活動で多いパンツスタイルは，腕を大きく動かした時，しゃがんだ時などに，ズボンからシャツがはみ出ることを考慮し，通常のレディースシャツよりも丈を長めに設計，インナー見えを防ぎアクティブな就職活動をサポート。また，下はストレートにカットはせず深いラウンド型を採用。

③「袖丈・カフス廻り」の特徴

あえて袖丈を少し長めに設計し，カフスにボタンを2つ付けることで個人差が出やすい袖丈の長さの問題を解決。また，カフスの形も大丸型を採用し，女性らしく優しい印象を与えるようにする。

④「胸囲・胴囲」の特徴

意見の1つに，シャツ全体のシルエットをスリムに見せたいというものがあった。

胸囲は通常のシャツをベースにし，胴囲をしぼり胸囲と胴囲の上がり寸に差を持たせ，タイトなデザインに仕上げる。また，前身頃と後身頃にやや深めにダーツ（プリーツ）を入れることで女性らしいシルエットとシャープな印象を持つスタイルに仕上げる。

⑤「生地」の特徴

生地の素材は綿100％で，綿本来の風合い，通気性のよさを実際袖を通して感じられるように，通常10,000円前後のシャツで使用されるような上質な生地を用いる。

男性用商品は，「HITOYOSHI Made in Japan」の6つの特徴を活かしつつ，「胸囲・胴囲」と「生地」に工夫を凝らした。「胸囲・胴囲」を通常モデルより10cmタイトにすることで，すっきりと見えるように仕上げ，「生地」も着心地のよい生地が選ばれ，商品が完成することになる。

当初，別のパターンとしてくまモンをワンポイントとして入れる案も浮上した。しかし就職活動がマストで地域アピールは蛇足でしかなく，必ず内定を勝ち取るという思いを強くアピールしたいとの思いから，キャラクターの採用は断念した[(8)]。

最も注意深く進められたのがブランディング[(9)]である。「HITOYOSHI Made in Japan」の品質を維持しながら，シャツのコンセプトをどのように顧客に伝えていくのか。そのためには明確なメッセージを伝えるために，わかりやすく，なじみやすいブランド名が必要となってくる。その結果，シャツは「勝ちシャツ」とネーミングされることになる。この「勝ちシャツ」という名前には多くの学生の皆さんが就職や困難に立ち向かい，必ずうち勝つぞという願いを込めているネーミングとなった。

熊本における「勝ちシャツ」は，県民百貨店を販路として選択したのであった。量販店ではなく百貨店が選ばれた理由として，生地にこだわり，風合いにこだわったシャツ作りを顧客にアピールするためには，専門品を取り扱う百貨店でなければならなかったからである。

「HITOYOSHI Made in Japan」の風合い，肌触りのよさは一目見ただけではわからないうえに，値もはる一品である。対象はもっぱら大学生（就活生）なので，まず足を止めてシャツを見てほしい。さてどうするか。顧客に手にとってもらい，価格にも納得してもらうためには，商品知識と丁寧な説明が必要となってくる。HITOYOSHIが顧客に価値ある製品であると認識してもらえなければ売れない商品になってしまう。

さてここで流通戦略という角度から押さえておこう。顧客が商品に対してみいだす価値は図表3-2のように示すことができる。ベネフィット要

図表3-2　顧客価値

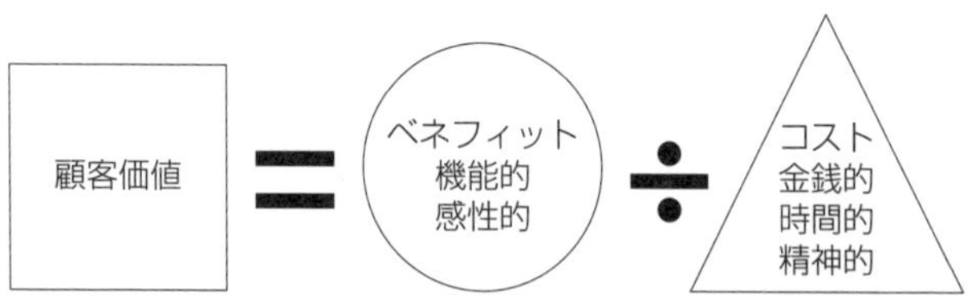

出所：恩藏・買い場研究所（2010, p.13）。

因をコスト要因で割ることである。コスト要因に関する部分は顧客側に依拠している部分が大きいと考えられる。それゆえ顧客価値を上げるためには，商品を購買に来るコストを一定と仮定すると製販側でできることは，ベネフィットである機能と感性に訴えかける製品差別化が必要になってくるということになる(10)。

それではHITOYOSHIのつくるシャツには，どのような機能的ベネフィットがあるのか。それは高級ドレスシャツを相手先ブランドへ生産・企画を行ってきたノウハウを活かした6つになると考えられる。その部分とは，襟，袖付け，巻き伏せ本縫い，ボタン，裾，カフスである。

HITOYOSHIは2009年に独立する以前から，ドレスシャツを専門に製造するファクトリーであったことから熟練工や職人を有していた。それゆえ独立した際に大量生産による個性のないシャツをつくるのではなく，あえて手間のかかるシャツづくりをポリシーとして独立したという経緯がある。そのことから「一般的なシャツの縫製工程はおよそ66なのに対して，複雑な仕様では約90の工程をかけてシャツを作っています。」(11)という。機械による大量生産にはできない，製法にこだわりのある商品というところがHITOYOSHIのつくるシャツの特徴ともなっている。

襟は内外周差による波打ちをなくすために円筒形に縫製。袖付けはスムーズな腕振りができるよう袖を少し前身側にずらして縫製されている。

縫い方の特徴として巻き伏せ本縫いがある。これは縫い代がでないよう肌触りをよくするための縫製方法である。ボタンは一般的に使われるプラスチックボタンではなく，10倍の価格にもなるタカセ貝製のボタンを使用している。

裾は高級シャツにしか採用されていない3重に巻きながら，カーブして縫製する縫い方がされている。カフスも先細り型にし，手をあげた時に落ちずに手首になじむように工夫されている。これらの機能的価値を顧客に説明し，納得してもらう必要があった。

これらはHITOYOSHIがこだわる着心地のために手を加えられたものである。「ヒトの身体は曲線で構成されていますので，シャツを身体のラインに沿わせるために，工程数を細かくするべき」との「HITOYOSHI Made in Japan」をつくる際にも行われるポリシーに基づくものである[(12)]。

感性的ベネフィットとして考えられるのが生地である。「HITOYOSHI Made in Japan」の素材は，厳選された着心地を追求した素材が選ばれ使用される。日本（主に西脇や浜松），ヨーロッパ（特にイタリアの最高級生地「アルビニ」などである），東南アジア，中国で仕入れるだけでなく，選りすぐりの綿を使用し生地を生産している。「勝ちシャツ」は，学生にも手の届く販売価格を実現するということもあり，それに見合う日本，東南アジア，中国の生地の22の種類から選ばれることになった[(13)]。

誰を対象に売るのかで素材を厳選する。当然の工程で間違ってはならない。

(2) 流通戦略

HITOYOSHIの商品は県民百貨店の紳士服売り場で販売されることになった。エスカレーターを使い紳士服売り場に行くと，最も目立つところに HITOYOSHI のコーナーが設置してある[14]。

ここからは学生たちの「勝ちシャツ」にかける意気込みがどのように形になっていくのかを解説していこう。「勝ちシャツ」は「HITOYOSHI Made in Japan」をベースに造られた特別モデル。男性用シャツ 90 枚，女性用シャツ 60 枚と枚数限定により特別感を出すという手法がとられた[15]。

「勝ちシャツ」は「HITOYOSHI Made in Japan」の 6 つの機能に加え，男性用シャツ，女性用シャツにそれぞれ以下の特徴が追加された。

男性用シャツの特別な点は，以下にある。

（胸囲・胴囲）……通常のシャツよりも 10cm タイトにして，細身の男性のスタイルにあったスタイルに仕上げ，すっきりしたライン。着心地もよい。

女性用シャツの特別な点は，以下にある。

（衿）……通常のシャツよりも 1cm 首廻りを大きめにし，長時間着用も楽で，かつ顔まわりをすっきり見せる。

（丈）……通常のレディースシャツよりも丈を約 10cm 長めにし，インナー見えを防ぎ，よりアクティブな就活をサポートする。

（袖丈・カフス廻り）……通常のレディースシャツとは違い，ボタンを 2 つ付けることで袖丈がちょっと長めに感じる方にも対応可能。

（胸囲・胴囲）……通常のシャツよりも胴囲を 13cm タイトにすることで，女性らしいシルエットかつシャープな印象を与えるスタイルに仕上げた。

（生地）……通常 10,000 円のシャツで使われるような，女性の肌でも心地よく感じる風合いの上質な綿生地を使用。

企画者である学生にとっては「勝ちシャツ」に対する「思い」と「機能」をアピールしたい，県民百貨店は地元 HITOYOSHI ブランドを積極的に販売していきたいとの思いがあった。それゆえ学生と県民百貨店の思いを顧客にアピールするため，試行錯誤が行われた。心血を注いで完成した「勝ちシャツ」だか，それをどう売るのか。企業が直面する問題に学生たちは頭をひねった。そこで考案されたのが，「勝ちシャツ解体新書」と銘打ったPOPであった（図表3-3）。

勝ちシャツ解体新書は，「HITOYOSHI Made in Japan」の特徴，男性

図表3-3　勝ちシャツ解体新書

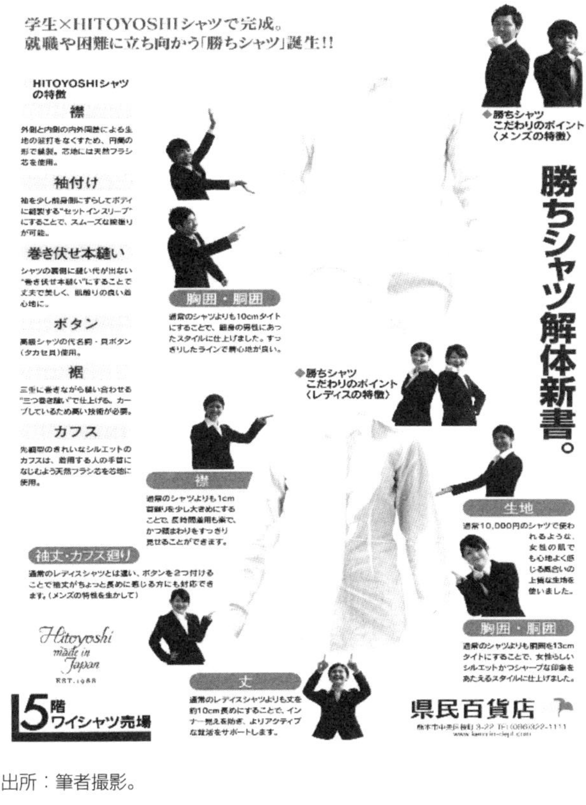

出所：筆者撮影。

図表3-4　ブランディング

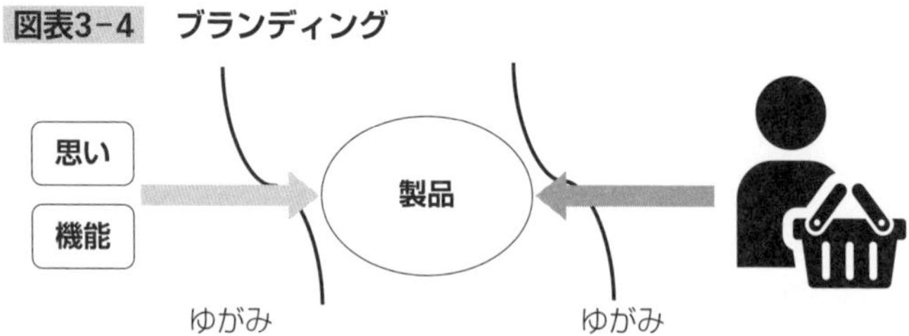

出所：Hestad（2013，p.68）より筆者一部修正。

用シャツ，女性用シャツの機能などが詳しく解説され，一目で企業と学生がコラボレーションしたプレミアム商品であることがわかる。図表 3-3 のように学生自身が着用モデルをしている点がフレッシュだ。企画者の思いを積極的にアピールするために売り場の目立つところに置かれ，特設コーナーが設けられた。

Hestad（2013）は製品のブランディングに関して，「企画・製造者の『思い』，『機能』をゆがまない様に製品を通して顧客に伝えていく必要がある」と言う(16)。

図表 3-4 を参照いただきたい。Hestad の言う「思い」，「機能」をゆがみなく伝える，つまり宣伝のための手段としては，メディアを使用する手もある。宣伝に関してはテレビ，新聞，ラジオ等を使い，広く均一的な情報が一斉に発信されるためターゲットに届きやすい。情報をきっかけに店舗までたどり着いた顧客に対しては，勝ちシャツ解体新書が熱い想い，ほかとはひと味違った「思い」，「機能」をストレートに伝えたと考えられる。さらに発売日には企画者を代表して 7 名の学生は，販売員さながらに呼び込みや商品アピールを行い，直接思いを伝える機会が与えられた。

(3) プロモーション

2013年2月19日発売と決定された「勝ちシャツ」のプロモーションは2012年12月から始められた。熊本でのHITOYOSHIブランド告知と拡大という目的もあって熊本の新聞シェア7割を持つ『熊本日日新聞』への情報提供から始められることになった。

12月15日朝刊に「就職に『勝ちシャツ』を共同開発」という記事が記載され(17)，2013年1月14日朝刊には「就活へ『勝ちシャツ』」という見出しでシャツの特徴が記載され，県民百貨店で2月19日から限定販売されることが告知されることになった(18)。

販売促進の時系列に関しては，図表3-5からわかるように新聞告知の後，店頭用POPである「勝ちシャツ解体新書」の作成が進められた。こ

図表3-5　販促・学生・工場のスケジュール

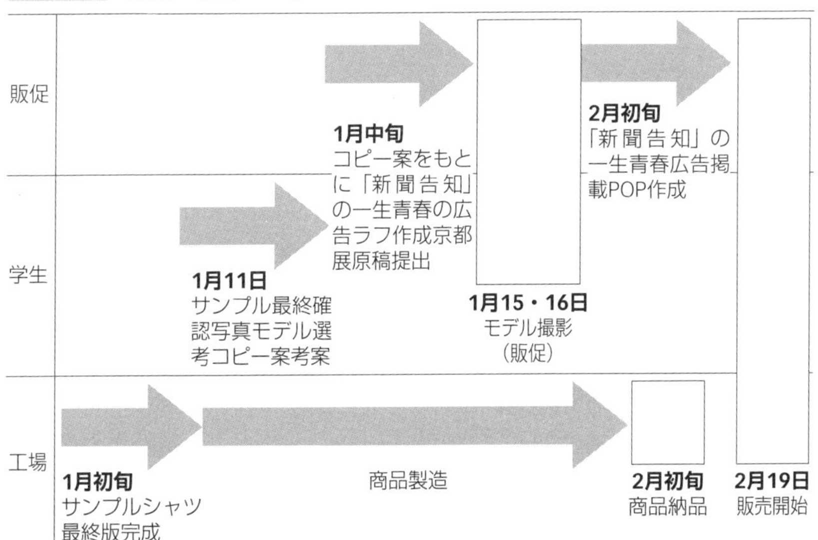

出所：県民百貨店提供。

図表3-6　県民百貨店10周年記念シンボル「と」

出所：県民百貨店提供。

れは「勝ちシャツ」が「HITOYOSHI Made in Japan」の特別なモデルであることをアピールするため，図表3-3のように男性・女性各2名の学生をモデルとして企画者の意見を最大限取り入れてつくられた商品であることをアピールするという方針で作成されたのである。

2月の新聞への広告記載のため，1月中にコピーの内容を決定し，大学の図書館前で撮影が行われた。あくまでも自分たちが関わったということで，撮影モデルもつとめている。このようにして作成された広告は，発売日前日の2月18日の『熊本日日新聞』には写真3-3のように「進め，自分」というキャッチコピーで「一生青春シリーズ」となってシャツの販売を告知することになる。このコピーには就活に向けて「進め」という意味がこめられている。協議中のHITOYOSHI工場長竹長一幸氏との写真，このシャツの売り場が5Fということ，HITOYOSHI Made in Japanのロゴも重要な情報として欠かせない。図表3-6だが2013年に県民百貨店が10周年を迎えるにあたり，これからももっと皆さんと一緒に進んでいこうというWithとMoreの2つの思いが込められた広告となったのである。

Lea-Greenwood（2013）は新聞を使った告知を「短期的に地域的に自社の顧客層と異なる顧客層に知らしめるために使われ，情報を得た読者にす

写真3-3　熊本日日新聞夕刊「一生青春」

出所：筆者撮影。

ぐにアクションを起こさせるための広告チャネル」と言う。また「ファッションメーカーは，当日もしくは翌日のセールの広告に使う」と指摘している(19)。

写真3-3に見る『熊本日日新聞』の「一生青春シリーズ」による「勝ちシャツ」販売の告知は，Lea-Greenwood のいう新聞を使った告知でファッションメーカーが行う広告のセオリーに則ったものであったと考えられる。

発売日には熊本の民放4局による取材が行われた。その日の夕刻にはテレビ熊本（TKU），熊本放送（RKK）のニュースに「勝ちシャツ」販売が取り上げられ，くまもと県民テレビ（KKT）「テレビタミン」，熊本朝日放送（KAB）「くまパワ」といった地域情報発信番組でも紹介されることになった。結果的にこれらの地域情報発信番組に取り上げられたことが，パブリシティ効果となり，翌日から指名買いをする顧客が増えることにつながったのである。

またラジオのFM放送では，学生が企画者代表としてシティFMの地域

図表3-7　メディア活用

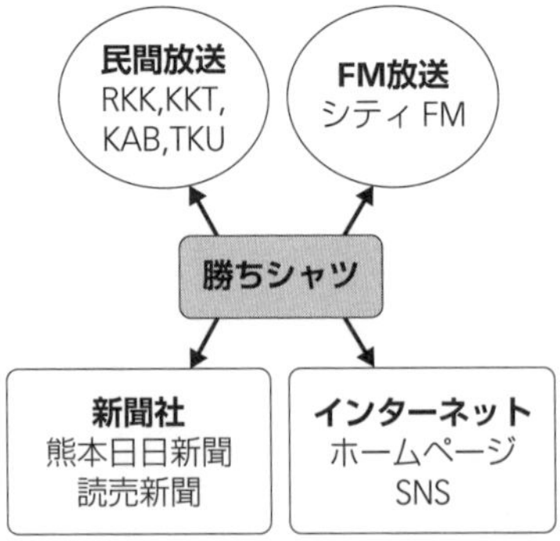

出所：筆者作成。

情報発信番組に出演して「勝ちシャツ」の名前の由来，特徴などをリスナーに向けて猛アピールしたのである。

ほかにも県民百貨店ホームページ，学生によるフェイスブックによる「勝ちシャツ」情報発信に加え，2月26日『読売新聞』に「学園大生と県民百貨店」という記事が記載され，翌日からは熊本県外からの問い合わせも県民百貨店に入るようになったのである(20)。

図表3-7のように広告活動は新聞に始まり，民間放送を経て，店頭におけるPOP，FM放送，インターネットと活用できるメディアを効果的に使うプロモーションが展開されることになった。その結果，3か月程度の限定販売期間で売り出された「勝ちシャツ」は，約1か月で完売を果たすことになった。

 地域限定商品が果たした効果

HITOYOSHIがこだわる着心地と風合いを手の届きやすい販売価格で実現するために「勝ちシャツ」はつくられた。20種以上から厳選した生地に丁寧な縫製。襟，袖付け，巻き伏せ本縫い，ボタン，裾，カフスなど細かいディテールにこだわり，仕上がるのに45日の製造期間を要した。安価で提供されたのは特別なプロジェクトモデルであるがゆえに許されたことでもあった。

県民百貨店の熊本生産の商品を広く熊本の方々に普及させたい思い，HITOYOSHIの自社ブランドを熊本で浸透させたいとの思い，これから就活をして社会人となり実際に着る立場の学生の生の声を取り入れた特別モデルである。何としても完売させたい，3者の強い願いも反映している。

このシャツにかける企画，製造，販売の3者の思いが実現させた，この特別モデルによりHITOYOSHIは，熊本における熊本産シャツブランドとして認知される一助になったと考えられる。「勝ちシャツ」の取り組みにより，これまで高級シャツとしてなかなか手の届かなかった「HITOYOSHI Made in Japan」が熊本において就活を終え，社会人となっても身近に感じられるようなブランドになっていれば大きな効果と考えられる。少々値が張っても，いわゆるブランド品と呼ばれる品が愛される理由は，決して見映えだけでなく，その使い心地，耐久性のよさに満足しているからであり，逆説的に言えば，使ってみなければわからない付加価値が備わっているからにほかならない。「勝ちシャツ」の着心地に納得した人が，HITOYOSHIのつくるシャツに信頼を寄せてくれ，ほかの人に勧めたり，大切な人に贈ったりと次の展開に進んでいることの方が真の意

味での成功である。

HITOYOSHIは熊本でのブランド認知戦略の後，2014年秋，前年に進出していた上海でそごう系列の百貨店向けにシャツも販売している。HITOYOSHIのモノづくりと品質は自社ブランドだけでなく，約70にも及ぶ高級ブランドにも関わるようになった。

2019年2月にはスポーツアパレルのゴールドウイン，繊維専門商社モリリンとHITOYOSHIが縫製を担当した「FINE DRY WOVEN」を全国で販売[(21)]するなど，積極的にHITOYOSHIの技術力を活かした商品展開をされている。

県民百貨店が閉店を迎えた現在，「HITOYOSHI Made in Japan」は熊本市の鶴屋百貨店で販売されている[(22)]。HITOYOSHIは今後も熊本産シャツブランドとして着目していきたい愛着のあるメーカーである。

■注

(1) HITOYOSHIはTOMIYA APPARELの国内工場時代は，人吉ソーイング（株）という会社であった。

(2) 吉國武氏へのヒアリングによる。

(3) 高島屋が中心となっている百貨店グループで九州では佐賀玉屋などがある。

(4) 店舗を九州産業交通ホールディングスから借用していたが，立地していた熊本市桜町地域の再開発が計画され，新しい商業施設に入店するなどが検討されたが，再開発が進む中で結果的に2015年2月28日に閉店となってしまった。

(5) HITOYOSHIも「熊本の職人の高い技術を，熊本の人たちにも知ってもらえる良い機会」ということで，オリジナルシャツの開発に取り組んだという。（「県民百貨店とHITOYOSHIオリジナルシャツ開発」『熊本日日新聞』2011年12月19日朝刊）

(6) HITOYOSHI COMPANY PROFILEより。

(7) HITOYOSHI COMPANY PROFILEより。
ブランドとしては，ポールスチュアート，アレグリ，フランコ，ラブレス，ブラックバレット，マッキントッシュフィロソフィー，エディバウアー，ベイクルーズ，シップス，ユナイテッドアローズ，トゥモローランド，ジョイックス，アバハウス，バーニーズ，ビームス，エストネーション，アーバンリサーチ，ダックス等がある。

(8) ドレスシャツは，大学生の就職活動でスーツに合わせて購入されることも多く。社会人となってからは，通勤等で必要になってくることから，大学生の意見をシャツに取り入れつつも手間のかかったドレスシャツに触れてもらいたいという意図もあった。
(9) 吉國武氏は「HITOYOSHIのブランド名で勝負していきたい。」というように，ブランディングに関しては，日本の人吉で造られたドレスシャツということを前面に出していくということ。
(10) 恩藏，買い場研究所（2010，p.13）。
(11) Made in HITOYOSHI 資料ならびにヒアリングによる。
(12) Made in HITOYOSHI 資料による。
例えばステッチの運針は 3cm あたり 16〜18 針がふつうであるところを，HITOYOSHI のシャツは 24 針で行っている。着心地と見た目の満足度も上げる手間のかかる作りとなっている。
(13) 綿を生地に使用することにより，洗濯後にアイロンをかけるか，クリーニングに出さなければいけないということも考えられたが，着心地を最優先にした。
(14) 2013 年 9 月からは，HITOYOSHI 専用の売り場が開設された。
(15) 男性用は 38-81・39-83・40-85・42-85・43-87 の 5 サイズ，女性用は 7・9・11・13 号の 4 サイズ，男性用・女性用共に価格は 4,900 円（税別）で販売。
(16) Hestad（2013, p.68）。
(17)「就活に『勝ちシャツ』」『熊本日日新聞』2012 年 12 月 15 日朝刊。
(18)「就活へ『勝ちシャツ』完成」『熊本日日新聞』2013 年 1 月 14 日朝刊。
(19) Lea-Greenwood（2013, p.22）.
(20)「学園大生と県民百貨店が開発」『読売新聞』2013 年 2 月 26 日朝刊。
(21) ゴールドウィンが宇宙飛行士のために，JAXA（宇宙航空研究開発機構）と共同開発した消臭効果のある糸を使った素材を使ったシャツ。洗濯しても消臭効果は変わらないというシャツを 15,000 円で販売。（「効果長持ち消臭シャツ HITOYOSHI 縫製」『熊本日日新聞』2019 年 1 月 26 日朝刊）
(22)「HITOYOSHI シャツ 県民百貨店から鶴屋へ」『熊本日日新聞』2015 年 3 月 5 日朝刊。

◎ 参考文献

石原武政（2008），『小売業の外部性とまちづくり』有斐閣。
伊藤元重（2000），『市場主義』日本経済新聞社。
伊藤元重（2019），『百貨店の進化』日本経済新聞社。
井上芳恵・中山徹（2003），「大型店撤退が買物行動に及ぼす影響に関する研究―熊本県人吉市における事例より―」『日本家政学会誌』第 54 巻 7 号，pp.573-581.
恩藏直人，買い場研究所（2010），『感性で拓くマーケティング』丸善プラネット。
川口彩希・位寄和久（2016），「熊本市中心市街地来訪者の回遊行動の変化に関する研究」『日本建築学会計画系論文集』第 81 巻 719 号，pp.101-108。
川嶋幸太郎（2009），『ファストファッション戦争』日本経済新聞社。
佐々木保幸・番場博之編（2013），『地域の再生と流通・まちづくり』白桃書房。

嶋口充輝・竹内弘高・片平秀貴・石井淳蔵編（1998），『営業・流通革新（マーケティング革新の時代 4)』有斐閣。
中西正雄・石淵順也・井上哲治・鶴坂貴恵（2015），『小売マーケティング研究のニューフロンティア』関西学院大学出版会。
宮副謙司・内海里香（2011），『全国百貨店の店舗戦略 2011』同友館。
村木則予（2021），『中小企業のサステナブルブランディング―SDGs を活用したマインドシェア No.1 ブランド構築の具体策―』エベレスト出版。
Baisya, R.K.（2013）, *Branding in a Competitive Marketplace*, Sage, New Delhi.
Castaldo, S. Grosso, M. and Premazzi, K.（2013）, *Retail and Channel Marketing*, Edward Elgar, Cheltenham.
Hestad, M.（2013）, *Branding and Product Design*, Gower, Farnham.
Kaser, K.（2013）, *Advertising & Sales Promotion*, South-Western, Mason.
Lea-Greenwood, G.（2013）, *Fashion Marketing Communications*, Wiley, West Sussex.
Mukherriee, M., M. Cuthbertson and E. Howard（2015）, *Retailing in Emerging Markets A policy and Strategy Perspective*, Routledge, New York.

◎ 参考資料

『熊本日日新聞』「トミヤアパレルの人吉工場引き継ぐ　74 人の雇用も確保」2009 年 12 月 26 日朝刊。
『熊本日日新聞』「白いシャツで世界と勝負」2011 年 1 月 3 日朝刊。
『熊本日日新聞』「人吉の技術東京で人気」2011 年 11 月 10 日朝刊。
『熊本日日新聞』「県民百貨店と HITOYOSHI　オリジナルシャツ開発」2011 年 12 月 19 日朝刊。
『熊本日日新聞』「「人吉シャツ」初の直営店　東京」2012 年 12 月 1 日朝刊。
『熊本日日新聞』「就活に『勝ちシャツ』」2012 年 12 月 15 日朝刊。
『熊本日日新聞』「就活へ『勝ちシャツ』完成」2013 年 1 月 14 日朝刊。
『熊本日日新聞』「世界に挑む人吉で作ったシャツ『高品質で手頃』逆境から急成長」2014 年 5 月 4 日朝刊。
『熊本日日新聞』「HITOYOSHI シャツ　県民百貨店から鶴屋へ」2015 年 3 月 5 日朝刊。
『熊本日日新聞』「効果長持ち消臭シャツ HITOYOSHI 縫製」2019 年 1 月 26 日朝刊。
『読売新聞』「学園大生と県民百貨店が開発」2013 年 2 月 26 日朝刊。

第 4 章

プライベートブランド商品開発と流通

I　プライベートブランド商品開発

近年，スーパー，コンビニエンスストアは自社販売網のみで販売する商品を重視し，積極的に商品開発するようになってきている。

メーカーが自社名をつけ全国の小売店で販売するものをナショナルブランドとすれば，コンビニエンスストア，スーパーがメーカーに商品開発，製造を依頼し，自社販売網のみで販売する商品をプライベートブランド商品ということができよう。メーカーにとっては販売先の商品を製造することになると，自社ブランドで販売する商品と連携する販路のプライベートブランド商品との差別化という課題が出てくることは言うまでもない。

ここではメーカーがプライベートブランド商品の開発を販売先とどのように連携し行っているのかに関して考えていく。本章で事例として考察するのはパンメーカーである。国内にはフジパン，山崎製パンをはじめ大手パンメーカーがある，これらのメーカーからは例年，3,000から4,000の商品が市場に投入されている。この中には地域限定商品等も含まれている。これらのパンメーカーは多様な販路を持っており，主なものとしてはスーパー，コンビニエンスストア，ドラッグストアといった店舗があげられる[(1)]。

販路になる小売りがメーカーと一緒に商品開発を行う取り組みは，製販連携と言われ，以前から行われてきた。加藤（2004）は「製販連携は特定の大規模商業企業なかでも大規模小売企業と特定の大規模製造企業が長期継続的でより緊密な協調関係をとりむすび，流通末端での消費動向に情報技術や保管・運送技術などのいわゆる物流技術などを駆使して機敏に対応し，共同して流通の支配・統制を一段と強化し，そのことをとおして可能なかぎりいっそう大きな利潤を獲得しようとするものであるといってよい。」(2)と製販連携に関して流通面から分析を行っている。

本章では山崎製パンを事例に販路からのプライベートブランド商品開発に関してどのようにしているのかを中心に取り上げていく。特にコンビニエンスストアのプライベートブランド商品である地域限定商品開発を製販連携として考えていくことにしたい。

一方でプライベートブランド商品以外の自社ナショナルブランド商品に関して消費者を飽きさせないようにするためにどのように開発しているのかについても触れる。事例として毎年発売される季節商品がどのようにして開発されているのかについても考察を進めていく。

Ⅱ メーカーと販路としてのコンビニエンスストア

1. 山崎製パン

山崎製パンは1948年6月に委託加工のコッペパン製造からスタートしたメーカーである。図表4-1からもわかるように現在では食品事業，流通事業，その他の事業を展開する食品総合メーカーである。

主な事業である食品では和菓子，洋菓子，調理パン，米飯と部門を増やしていき，グループ企業として不二家，東ハト，ヤマザキ・ナビスコ，サンデリカ，イケダパン，ヴィ・ド・フランス，ヴィ・ディー・エフ・サンロイヤルといった事業会社を持っている。

流通事業としてはスーパーヤマザキ，デイリーヤマザキを持ち，ヤマザキデイリーストアはコンビニエンスストアとしてスーパーとは異なる形態の販路ともなっている。ヤマザキグループは付加価値の高い商品群を中心

図表4－1　ヤマザキ事業展開

食品事業
（株）不二家
（株）サンデリカ
ヤマザキビスケット（株）
（株）東ハト
（株）ヴィ・ド・フランス
（株）イケダパン
大徳食品（株）
（株）ヴイ・ディー・エフ・サンロイヤル
（株）サンキムラヤ
（株）スリーエスフーズ
（株）高知ヤマザキ
（株）サンミックス
（株）末広製菓
（株）ヤマザキ（ヤマザキプラザ市川事業部）
秋田いなふく米菓（株）
（株）札幌パリ
（株）とかち帯広ヤマザキ
（株）金沢ジャーマンベーカリー
日糧製パン（株）

流通事業
（株）スーパーヤマザキ

その他の事業
（株）ヤマザキ物流
（株）サンロジスティックス
（株）ヤマザキエンジニアリング
（株）ヤマザキ（保険事業部）
（株）ヤマザキクリーンサービス
（株）食品共配システム
日農生研（株）

海外事業
ヴィ・ド・フランス・ヤマザキ
ヤマザキカリフォルニア
トム・キャット
ベイクワイズ
ヤマザキフランス
香港ヤマザキ
タイヤマザキ
台湾ヤマザキ
サンムラーランヤマザキ
上海ヤマザキ
上海山崎食品
フォーリーブス
ヤマザキインドネシア
ベトナムヤマザキ

海外駐在員事業所
米国駐在員事務所
パリ駐在員事務所
台北駐在員事務所
シャンハイ駐在員事務所
ジャカルタ駐在員事務所
ホーチミン駐在員事務所

出所：山崎製パンオフィシャルサイト「会社情報」（https://www.yamazakipan.co.jp/company/group/index.html〔2021年9月24日閲覧〕）より筆者作成。

に，顧客ニーズに合わせた素材や原材料，製法にこだわった「ヤマザキベストセレクション」シリーズやパン・和洋菓子・米飯・調理パン・調理麺など，グループ独自の展開も行っている。

その他の事業として物流，ロジスティックス，食品共配システムもグループで持っており，自社物流に関しても強力な物流網を持っている。ほかにアメリカ，フランス，台湾，上海，タイ，インドネシア，ベトナムを中心に海外でも事業を展開，グループ内だけで製造から物流，販売が完結できるメーカーなのである。

2. コンビニエンスストア

製販連携の販路として取り上げるのはコンビニエンスストアA社である。A社は1975年にパーティーフーズを取り揃える店舗を1号店としてオープンさせたことにより始まったコンビニエンスストアである。

1979年からはテレビCM，ラジオCMを始め，1980年になると東海，九州に店舗エリアを拡大していった。1991年からは店舗づくり改革を推進。1996年には各種チケット販売を開始し，2008年からはプライベートブランドを全国展開するようになっていったコンビニエンスストアである。

Ⅲ 地域限定商品開発

1. プライベートブランドとは

日本でプライベートブランドが積極的に活用されるようになったのは1990年代になってからである。ダイエーがプライベートブランド「セービング」として海外から低価格商品を輸入し，価格破壊を画策したことに始まる。これは当時，セービングブランドで開発を申し入れていたビールメーカーとの製品開発折衝がうまくいかず，そのビールメーカーが競合するイトーヨーカ堂グループと組んでしまった事が発端となっている。

2000年にはイオンがプライベートブランドを「TOPVALU」へと名称を変更，品質，価格を重視した商品開発を行うようになっていく。

このころにはコンビニエンスストアも自社店舗で販売するプライベートブランド商品を積極的に開発するようになり，独自性を追求するようになっていく。

コンビニエンスストアのプライベートブランド商品は競合コンビニエンスストアとの差別化，収益確保が主な目的であり，商品開発をしてくれるメーカーとの相互信頼関係がなければできないことになる。

2. コンビニエンスストアの地域限定商品開発

(1) ブランディング

プライベートブランド商品は製造からクレーム処理まで流通業者が責任を持つことが多い。そのためこれまでは製造業者は名を表記せず，販売元として流通業者名のみが表記されてきた。矢作（2014）によれば，「セブンイレブンの『セブンプレミアム』では流通業者名，製造業者が表記されるようになった。理由としては「消費者に聞いたら，製造業者名のあるほうが安心できるとの回答が多かった」からという[(3)]。これは消費者にとって商品を販売する小売ブランドのみならず，どこのメーカーが製造しているのかを知ることによって安心感を得ることができ，購入にも結びついてくるからと考えられる。

本章で取り上げる山崎製パンはシェア，売上高においてフジパン，敷島製パン等を押さえ，国内トップメーカーとして君臨している。消費者にとっても知名度が高く，製造業者として安心できるメーカーの１つと言える。

それゆえ，コンビニエンスストアにとっても山崎製パンとプライベートブランド商品を開発，製造することはブランディング面でも取り組みやすくなると考えられる。

(2) 商品開発

ここで取り上げるのは山崎製パンとコンビニエンスストアA社による製販連携によるプライベートブランド商品の開発である。これまで製販連携戦略に関しては，メーカーと小売り双方にメリットがあることが指摘されてきた。米谷（1995）によれば「メーカーが持つ製品開発や技術開発についての優れた能力，高品質の製品を能率的に製造できる能力，およびそれらを効果的に配送する優れたロジスティックス能力などは，流通企業にとっては魅力ある補完資源である。反対に，流通企業が保有する大量の商品販売力，POS情報などによる販売・在庫情報やその他の市場情報の蓄積と処理能力，およびそれらを基にした商品企画・商品提案力などは，メーカーにとっては重要な資源になる」と指摘されている(4)。

まずA社のプライベート商品開発のプロセスを示しておこう。**図表4-2**のように商品開発部が市場機会・課題を明確化するために精密なリサーチを行うことから始まる。次にどのメーカーに製造してもらうかが決定される。メーカーが決まったら販売地域・価格・広報に関して検討がなされ決定されていく。その後，試作品がつくられ，これを商品開発本部で試作

図表4-2　プライベート商品開発の流れ

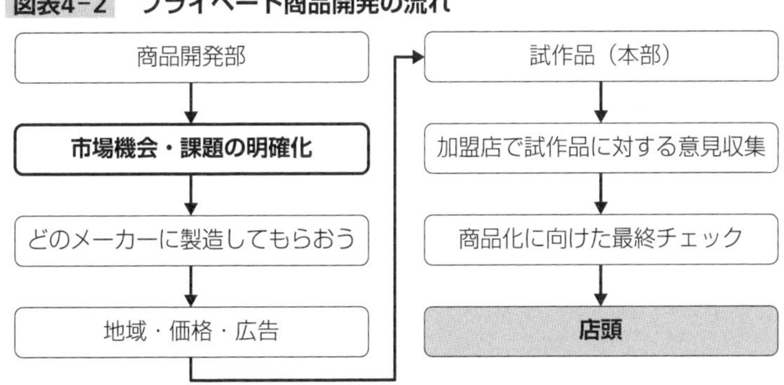

出所：筆者作成。

品の検討がなされ，販売地域の加盟店に売れそうかということに関して試作品を見てもらい意見を聞き，これならいけると判断されたら商品化に向けた最終チェックとして賞味期限の設定，商品パッケージなどが決定され，店頭へ並ぶという流れになっている。

さてここで取り上げるのは，A社が市場機会ありと判断した熊本県上天草市に出店する際の事例である。まず，目玉商品になる商品をつくるために共同開発，製造先として山崎製パンが選ばれる。上天草市にはすでにB社，C社が出店しており，特にB社の店舗数が多い地域でA社がこれらに割って入るためには，出店にともなう話題性のある目玉商品があった方がよいと考えたからにほかならない。

商品開発対象となったのは菓子パンである。**図表4-3**を参照いただこう。パンの生産量である。パンの全体生産量は，1965年以降伸び続けている。その中でも菓子パンは1960年代後半から1970年代前半にかけて一時減少傾向をみせるが，それ以降は安定して生産数を伸ばしていることがわかる。

なぜ菓子パンなのか。それはA社で昼食時に最も売れるのが菓子パンであり，ここに商機を見出したからである。A社がターゲットモデルとしたのは，最も利用が多い30歳代前半，男性，菓子パン（1個110円程度）と飲み物を購入するというモデルケースである。これらの客層が購入したくなるような商品を開発するこということを課題に開発が始められることになる。

図表4-4を参照いただこう。A社が出店先である天草地域で生産されている原料を使って商品開発を行う概要である。まず熊本学園大学の学生に依頼しプロジェクトがスタートする。製造を山崎製パン，販売をA社で行うことが決定され，商品開発が進められる。

熊本学園大学が商品開発に加わることになったのは，A社の初出店時の

図表4-3　パンの生産量

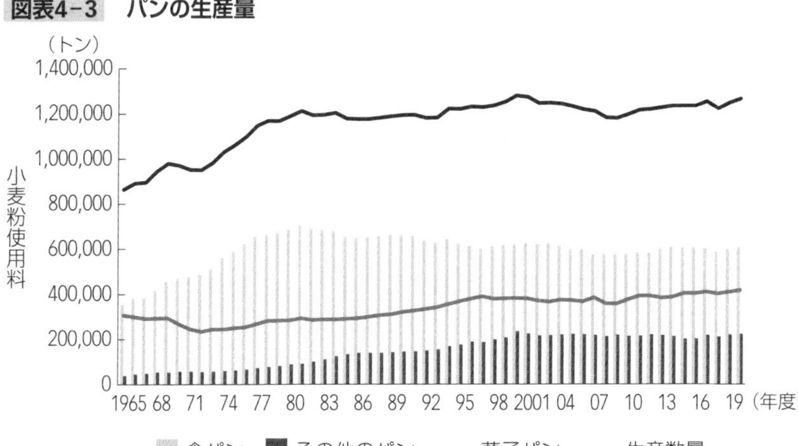

出所：日本パン工業会資料（https://www.pankougyokai.or.jp/production.html）より筆者作成。

図表4-4　プライベート商品開発

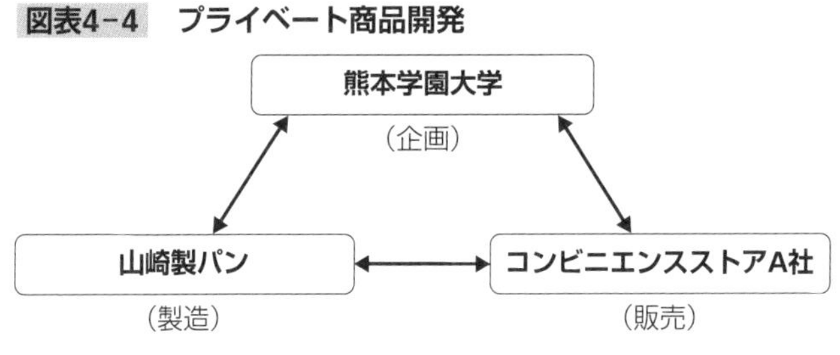

出所：筆者作成。

目玉商品を開発するということで，熊本を中心にターゲットモデルとなる30歳代前半幅の顧客層だけでなく，幅広い年代層にアピールできる商品を開発したいという意図があったからであった。そのため上天草市に出店するのであれば熊本の若者の意見を聞いて商品を開発したいということになった。A社は「天草産原料を使い，地域の方々に親しみを持ってもらえるようなものにしたい」という意向を大学生に伝えた。

この方針を基に地元の大学生がアイデアを出し，天草産原料を使用した新商品の開発が進められていった。

図表 4-5 を参照いただこう。企画段階で商品開発に関して出された意見である。企画を進める中で最終的に商品として販売される前提条件として賞味期限（3 日間），販売予定価格（150 円以下）という要因が提示された。これを考慮し，企画の段階で学生から出されたのは「自分が食べたい」と思える商品にするためのさまざまな意見である。かきあげパンだと海鮮を使うことで賞味期限が短くなってしまう。米粉を使うとコスト高になる。あまくさ晩柑，デコポン，びわ，いちじくなどを使った菓子パンでクオーターピザのようにするとコスト面で厳しいことが判明。デコポン蒸しパンだと手間がかかるため売値に影響がでる。車海老を使った「エビクリームコロッケ」だとコストが高くなるうえに，賞味期限が短くなってしまう，といった議論がなされ商品案が整理されていく。

その結果，コストと賞味期限の両方をクリアするとなると天草特産の晩柑を生地に練り込み，ホイップクリームに晩柑ピールを入れた案が最も商品化に向いていることがわかった。パン全体にチョコレートをコーティン

図表4-5　学生の意見

1 天草産の晩柑をジャムにして，ホイップを加えてコッペパン
2 天草産の晩柑をジャムにして，ホイップを加えてランチパック
3 デコポン皮のマーマレードパン
4 天草の海鮮，野菜を使い，米粉でかきあげパン
5 天草産の晩柑，デコポン，ビワ，イチジクを使い，クオーターピザのような菓子パン
6 デコポン皮とかを練りこんで，デコポン蒸しパン
7 天草産の車エビを使ったエビクリームコロッケのパン

出所：筆者作成。

グしたもの，メロンパン風のものの2タイプの試作品がつくられた。その後，試作を重ね，メロンパン風のものに決定する(5)。また食べたときに「すっきりした味わいにしたい」という意見もあり，クリームに塩分を入れたらどうだろうという提案がメーカー側から出された。幸いなことに天草は昔から天然の塩づくりが行われてきた地域でもあったので天草産天日塩を添加することになった。天日塩の持つ優しい塩分によって甘さだけでなく，すっきりとした味わいも出て納得のいくパンが完成することになる(6)。

この製品は最終的にA社のプライベートブランド商品として，塩バニラホイップサンドという商品名で130円で販売が決まった（図表4-6参照）。ホームページによる情報発信に加え，大学でもプロモーションすることに決定し，2013年4月にコンビニエンスストア店頭に並んだ。

次にこれら4つの要因をどのようにマーケティングしていくのかの検討がなされ，山崎製パンが製造するご当地商品であることをアピールするブランディングをしていくことになる。

ここでプライベートブランドの管理について一考しておこう。Perry and Spillecke（2013）によれば図表4-7のようにプライベートブランド管理には定義，デザイン，配信の3つの要因を考える必要があって，これら

図表4-6　塩バニラホイップサンドのコンセプト

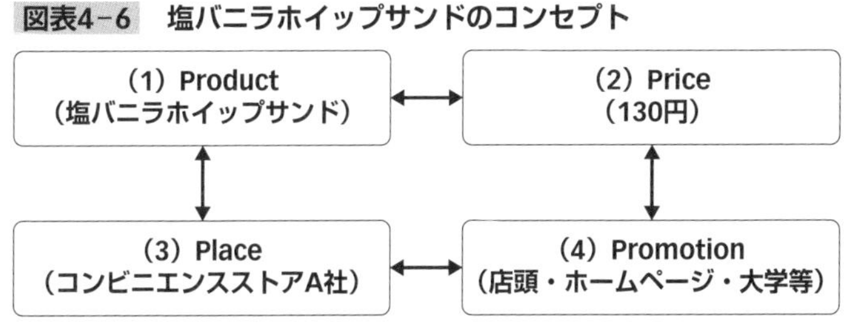

出所：筆者作成。

図表4－7　プライベートブランド管理

定義（戦略とブランド構造）

デザイン（カテゴリー構造）

配信（ブランド構築と製品管理）

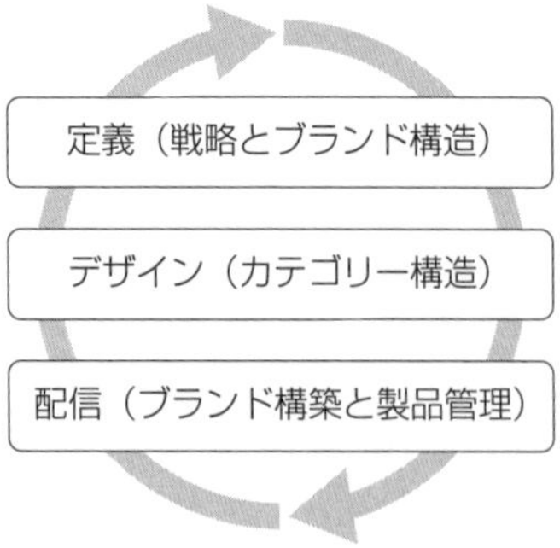

出所：Perry and Spillecke（2013, p.100）を筆者一部修正。

を常に検討し，ブランド管理を行わなければならないという[7]。

A社で販売する塩バニラホイップサンドをプライベートブランド管理という観点から見てみる。定義としてA社のプライベートブランド商品として開発され，製造を山崎製パン，デザインを熊本学園大学と山崎製パンで行う。配信はA社と山崎製パンが担当し，ブランド管理をA社が行うということになる。ブランディングに関しては，製造の山崎製パン，販売のA社が連携して行った事例ということになる。

(3) プロモーション

商品案が確定したら，売り込むために必要になってくるのが，製品パッケージとなる。こちらも心血が注がれ，2つの方向性で検討された。1つが天草[8]を強くイメージさせアピールするもの。1つが晩柑を連想させるものである。学生の意見から包材デザイナーが前者の案として2つ，後者の案として3つを提案。最終的に晩柑を連想させるデザインに決まり，商品のサブネームとして「あまくさ晩柑ピール入り」とすることになる。「あまくさ」とひらがな表記にしたのは「漢字表記よりも視認率が高いのではないか」との意見を反映させたからである。

販売促進として2013年4月16日の発売日には，午前10時から午後2時まで熊本学園大学で発売イベントが実施されることになった。大学生のみならず付属高校生，付属幼稚園の保護者が商品を買い求めた。発売イベントにはA社のキャラクターも参加した。キャラクターがターゲット層の目に留まり，売り場への集客に一役買ってくれることになった。その結果，800個ほどを4時間で売り上げることとなり，A社の上天草初出店の門出に花を添えた。

同時にA社店舗にはPOP広告が貼られ，A社ホームページからの情報発信と企画に携わった学生達がSNSを使い，情報発信を行うプロモーションがとられ，九州地域で一斉に販売された。

Ⅳ ナショナルブランド商品

プライベートブランドとして製品化される商品がある一方，メーカー名で全国に販売される商品がある。こちらはナショナルブランドと呼ばれる。プライベートブランドは販売側から提案され，リスク管理は販売側が行うが，ナショナルブランド商品はメーカー側がリスク管理する商品である。

山崎製パンは販売シェアとして，自社ナショナルブランドに関して食パン33.7％，菓子パン43.7％，洋菓子16.5％と大きな市場シェアを持っている。これを支えているのが物流で3,222本の配送ルートを持ち，トラック約3,700台を有し，配送の9割弱を自社物流でカバーする。これに加えてデイリーヤマザキといった自社商品販売網をも有している(9)。

ここではナショナルブランド商品として販売される季節商品を事例に考

えてみよう。

山崎製パンの季節商品の歴史は古く，約70年前から取り組まれている。季節商品と言えどもナショナルブランドとして販売するため慎重に事をすすめている。商品はスーパー，コンビニエンスストアを中心に販売するために豊富な商品構成にもなる。

例えば商品案は商品販売予定の6か月前までには決められ，その後，店頭用ポスター作成，CMにどの女優を起用するのかなど，詳細にプロモーション計画が練られる。次に，小売りへの営業である。製品開発の1つの手法として全国にある26拠点から試作品を持ち寄り，本社でプレゼンテーションが行われ，製品化される。その後，商品の店頭用ポスター，販売商品概要を持って営業員が既存製品取扱店を中心に受注をとって回る。その際に営業員は受注を取るだけでなく，訪問先店舗で商品の陳列位置，自社商品の売れ行き，評判等も調査する。市場調査データに営業員からの情報も加味して次回商品開発に活かされる。受注後は数量が工場の生産計画に組み込まれ，販売時期の1週間程度はフル稼働することになる。

商品は自社物流を使い，取引先である小売りへ届けられることになる。卸売りを通さずに直接小売りと取引して商品は自社で売るという方針を貫いている。これにより山崎製パンのナショナルブランド商品は多くの販路を持つことになる(10)。

V ブランドを活用した商品流通

本章で取り上げたコンビニエンスストアのプライベートブランド商品は地域を限定し，リスク管理をコンビニエンスストアA社が行う製販連携であった。メーカーにとっては商品開発の自由度が高いというのが特徴である。消費者にとってもコンビニエンスストアA社というブランドと山崎製パンというブランド2社がコラボする商品ということで安心して新商品を試してみたい気持ちになったのではないかと考えられる。この信頼こそがブランドの力だと言っても過言ではない。

一方ナショナルブランド商品の事例として取りあげた季節商品は，多様なニーズに対応しうるさまざまなアイデアだけでなく，綿密な計画とリスク管理まで考慮された商品開発が特徴である。パンメーカーにとって定番商品，ナショナルブランドの販路をどのように拡大していくのかは常に大きな課題となっている。

山崎製パンには「いい商品を作ってお客様のもとへ届ける」という理念があり，自社物流による配送で，卸売りを通さず，商品は自社で売ることを一貫してこれまでやってきた。販路を確保し，収益を確保することはメーカーにとって大きな課題でもある。それゆえ取引関係にあるコンビニエンスストア，スーパーのプライベート商品開発にも応えていっていると考えられる。コンビニエンスストアはパンに関してはプライベート商品を中心に店頭に陳列する傾向にある。パンメーカーはこれに応える商品を開発するため，これらの要望にフレキシブルに対応しうる適応力が必要とされている。

ここまで見てきた事例から山崎製パンには販売先プライベートブランド商品開発や，ナショナルブランド商品開発においてもそれぞれの特性を活かしたブランドの差別化に成功していて適応力があると考えられる。筆者は今後もこの適応力が製販連携を通してどのように活かされていくのかに注目している。

近年言われるようになってきた持続可能な開発目標（SDGs）の中に「飢餓をゼロに」，「すべての人に健康と福祉を」とある。山崎製パンは次のように見解を述べる。「顧客に関して，あらゆる年齢のすべての人の健康で豊かな食生活に貢献するため少子化，高齢化に対応する製品や健康につながる安全かつ栄養に配慮した製品の開発など常に新しい価値と新しい需要の創造に取り組んでいます。販売先に関して，お客様のより良い食生活のために食事や栄養バランスの大切さに対応した提案をともに行っています。さらには，食を大切にする考え方を通じて食品ロスの削減につながる提案などにも取り組んでいます。」[11]。ほかにも原料仕入先，環境，社会・地域に関してもSDGsやサスティナブルな世界にも目を向け進み始めている。それゆえ今後も世界の中の山崎製パンとしてどのような商品を開発し販売していくのか，また社会的な貢献をしてくれるのか，その活動にも期待している。

◘注

(1) 山崎製パンの販売店は，2020年12月現在で109,361。

(2) 加藤（2004，p.60）。

(3) 矢作（2014，p.95）。

(4) 米谷（1995，p.85）。

(5) パンに生地にあまくさ晩柑の果汁を入れてあり，その比率によって見た目の色も変わり，風味も変わってくるなどさまざまな観点から，試作が重ねられることになる。

(6) 当初，天草晩柑の生地への含有量をどのようにしようという意見もあった。天草産にこだわるとコスト高にはなるため通常の食塩を使う案も考えられたが，天草産天日塩を原料に使用し，天草産の原料を使うことにこだわることになった。

(7) Perry and Spillecke（2013, p.100）。

(8) 天草は熊本県東部に位置し，上島，下島から成り，5つの橋でつながる海に囲まれた地域。

(9) 「山崎製パンの神対応」『日経MJ（流通新聞）』2016年9月23日。

(10) 「お取引先からご注文いただいた品は，どんな試練や困難に出会うことがあっても良品廉価，顧客本位の精神でその品を製造し，お取引先を通してお客様に提供する」というのが，山崎製パンの方針である。（「山崎製パンの神対応」『日経MJ（流通新聞）』2016年9月23日）

(11) 山崎製パン（2020，pp.3-4）。

参考文献

池尾恭一編（2003），『ネットコミュニティのマーケティング戦略―デジタル消費社会への戦略対応―』有斐閣。
石井淳蔵（1999），『ブランド―価値の創造―』岩波書店。
石井淳蔵（2012），『営業をマネジメントする』岩波書店。
上阪徹（2015），『なぜ今ローソンが「とにかく面白い」のか？』あさ出版。
加藤義忠（2004），「現代流通をとらえる基礎視角」『關西大學商學論集』第49巻1号，pp.51-67。
木下安司（2011），『コンビニエンスストアの知識（第2版）』日本経済新聞社。
米谷雅之（1995），「製販戦略提携の取引論的考察」『山口經濟學雜誌』第3巻3-4号，pp.289-321。
陶山計介・梅本春夫（2000），『日本型ブランド優位戦略―「神話」から「アイデンティティ」へ―』ダイヤモンド社。
田村正紀（2006），『バリュー消費―「欲ばりな消費集団」の行動原理―』日本経済新聞社。
崔相鐵・石井淳蔵編（2009），『流通チャネルの再編（シリーズ流通体系2）』中央経済社。
村上和雄・渡邉快記（2010），「『コンビニに対する世代差による対応の違い』に関する調査研究」『東京家政大学研究紀要』第50集，pp.57-62。
矢作敏行（1994），「コンビニエンス・ストアにおける取引の多次元化と同盟関係の樹立」『グノーシス（法政大学産業情報センター紀要）』第3巻，pp.3-24。
矢作敏行（2013），「プライベート・ブランド戦略の基本論点」『経営志林』（法政大学経営学会）第50巻3号，pp.15-30。
矢作敏行編（2014），『デュアル・ブランド戦略―NB and /or PB―』有斐閣。
山崎製パン（2020），『Ymazaki 食と環境への取り組み2020』山崎製パン株式会社。
Guenzi, P. and S. Geiger（2011）, *Sales Management,* Palgrave Macmillan, Basingstoke.
Perry, J. and D. Spillecke（2013）, *Retail Marketing and Branding,* Wiley, West Sussex.

参考資料

『日経MJ（流通新聞）』「山崎製パンの神対応」2016年9月23日。

第 5 章

阿蘇ブランド商品流通と観光マーケティング

I 阿蘇ブランド商品

地域の産物を使って商品開発を行い，それをブランド化し販売する取り組みは，以前から存在している。例えば福岡柳川の「鰻」，熊本阿蘇の「あか牛」，「高菜飯」，大分の「関アジ」，「関サバ」，「城下カレイ」などがその代表例と言える。これらは販売促進のために関連団体がブランドを強く推進したり，地域活性化のために行政が生産者と協力してブランド化を推し進めたりする場合が考えられる。

国内各地域にブランド化された商品は多々あるが，それらが各地域の集客につながることはないのだろうか。田村（2011）は地域ブランド化に関し「地域ブランド化の対象としてあげられるものには共通の思い，あるいは共通のロマンがある。それは地方の復権である。」と述べ[(1)]。加えて「市場発展がなければブランドは成立しない。市場発展できるかどうかはマーケティングがカギを握っている。」と地域ブランド化について述べている[(2)]。

つまり「地域ブランドは地方復権を目的とするならば思いやロマンに加えて，市場を発展させ，ブランドを成立させる足場をつくるために，地域でどのようなマーケティングを行っていくのか明確にすることがカギになる」と考えるのが妥当である。そうなると市場として地域の店舗が必要になると考えられる。

一方，宇野（2012）は地域流通の再生をまちづくりの視点から「地域住民と事業者と行政が三位一体となって，ホスピタリティ・マインドをキーワードに協働のまちづくりを進めていく必要があろう」[(3)]と述べる。

地域ブランド商品を流通させる場合，マーケティング的視点とまちづくりの視点から地域流通を考えていくことができるということである。そこで本章では熊本県阿蘇市が2013年秋から振興と観光のためのブランドとして立ち上げた「然」を事例に，阿蘇ブランド商品流通と阿蘇市への集客による観光マーケティングの視点から考察してみたい。

「然」とは阿蘇の恵みを活かし，地域振興と観光客誘致を目的とし，阿蘇市民ブランドとして阿蘇で活動している農家や商店主たちを認定し，「地域の人」をアピールし，集客につなげる観光戦略のことである。阿蘇は集客のために観光マーケティングを論じるうえでの資源は多い。本章では「然」商品の流通と観光客集客という視点から阿蘇道の駅，カドリー・ドミニオン，内牧温泉，阿蘇神社・門前町商店街を事例に考察していく。

 阿蘇ブランド商品流通

「然」は阿蘇ブランドとして2013年に立ち上げられた。「然」は阿蘇ならではの自然風土，人，もの，阿蘇の素材と技のおりなす融合，阿蘇人「阿蘇に暮らす人」がつくっている。阿蘇の産物の魅力を引き出す創意工夫や阿蘇の四季を巧みに取り入れた営業活動，それら「風土・産物・技能」に関連する文化活動，阿蘇にしかないもの，世界に受け入れられるもの，を対象に認定されれば，野草でつくられた紙の認定証が阿蘇市長名で贈られることになっている(4)。この認定を受けた個人，団体は**図表5-1**のようなブランドロゴを付け，商品を流通させることができる。これには「然」という文字以外に火の国阿蘇の恵みのブランドと記されている。

写真5-1は「然」に認定され，商品に対する想いが記された店内ポスターである。これには人の商品に対する思いに加え，阿蘇に対する思いが示されており，大きく「然」のロゴが記され，阿蘇のブランドであること

図表5−1　「然」ブランドロゴ

出所：然【ZEN】HP（http://aso-zen.com/）。

写真5−1　「然」による商品販売

出所：筆者撮影。

がわかるようになっている。

写真5−2は阿蘇市内牧にある「然」認定を受け，阿蘇ブランドを販売する菓匠久幸堂である。ここでしか買えない商品として「ゆず萌え」という饅頭があるが，店主の青木幸治氏は「この小さなお菓子に，たくさんの人の想いと協力がつまっている。今はその土地でしか買えないもの，本当においしいものだけが求められる時代だと感じる」(5)と言う。菓匠久幸堂の商品は熊本阿蘇の逸品ネットショップ ASOMO（http://aso-asomo.com/）でもせんべい5種，しぐれ2種，チーズケーキ，もなか，一口サイズのバームクーヘン「阿蘇の恋唄」を販売している。しかし「ゆず萌え」は店

写真5-2　菓匠久幸堂

出所：筆者撮影。

写真5-3　阿蘇タカナード

出所：阿蘇さとう農園Facebook（https://ja-jp.facebook.com/aso.tsukemono.mamma/）。

舗に来ないと買えない商品となっており，ネットショップASOMOでは販売しておらず，午前中に来ないと売り切れてしまうほどの人気商品である。「商い」はネットでもよいが，「賑わい」は観光客がつくってくれるものだ。

もう1つ珍しいものをあげておこう。阿蘇高菜の種を使ったマスタード「阿蘇タカナード」である（**写真5-3**参照）。こちらを製造販売している佐藤智香氏は変わった経歴の持ち主だ。「私はこれまで自動車メーカーで自動車開発に携わってきましたが，2012年の水害で高菜が不作となり祖母の農園でとれる高菜は，卸値が大変安くなってしまいました。阿蘇と言えば高菜ですが，生の野菜は年によって収穫量がずいぶんと変わります。そこで加工品で付加価値のある商品を作ろうと思い阿蘇タカナードを作りました」と言う(6)。この商品は通常マスタードシードを入れるのだが，代わりに高菜を使用しているのが特徴。高菜にも辛み成分アリルイソチオシアネートが含まれており，マスタードやわさびがその代表格である。食欲を増進させ，味にアクセントをつける抗酸化作用の強い成分で，この効果もさまざまである。

商品は「道の駅阿蘇」や阿蘇市内小売店で販売されており，阿蘇の高菜を使っていることを強くアピールしている。佐藤氏は「阿蘇に来ていただいた方々のお土産として購入いただくだけでなく，やはりレストラン等で使ってもらって本当に良いものだと思っていただきたい」と商品に対する想いは強い。「阿蘇タカナード」は，熊本阿蘇の逸品ネットショップASOMOでも購入可能となっており，一風変わった発見も阿蘇ブランドに厚みを出している。

「然」ブランドは阿蘇市内に商品を置くだけでなく，店舗も運営している。**写真5-4**は阿蘇プラザホテルの敷地内にある「Zen Café」である。「然」に認定された材料を使ったお菓子や飲み物が提供され，心と体を元気にしてくれる。特にソフトクリームは，観光客にも大人気の商品で阿部牧場の牛乳を使用して製造されている。阿部牧場の牛乳はそのパッケージが熊本では有名で高級ミルクの代名詞だ。阿部寛樹氏は「阿蘇は昔から酪農が多い所，その阿蘇で取れた原料で阿蘇をアピールしたい」と言う(7)。阿部牧場でも**写真5-5**のようなASOMILKを阿部牧場セットとしてASOMOでも販売している。阿部牧場はASOMOで牛乳，ヨーグルト，チーズケーキ，クッキー等，26の商品を販売しており（2018年当時），阿

写真5-4 Zen Café

出所：筆者撮影。

写真5-5 ASOMILK

出所：阿部牧場HP（http://www.aso.ne.jp/abe-farm/）。

蘇だけでなくインターネットを使い商圏拡大を狙う。

これらの事例からも田村（2011）の言う地域ブランドに則して考えると「共通の思い，あるいは共通のロマン」,「ブランドを成立させる足場とマーケティング」が「然」にはある。生まれ育った母なる大地阿蘇への思いを「然」という新しいブランドに託し，カルデラ以外で阿蘇をアピールし，大地の恵みで人々を健やかな笑顔に導くというロマンをのせ，今後も販路を開拓していくと考えられる。

 阿蘇の観光マーケティング

国内では1970年代の高度経済成長にともなうモータリゼーションの高まりによって，自動車保有率が上昇していった。阿蘇は1973年に菊池阿蘇スカイラインが整備され，自家用車で訪れる個人の観光客だけでなくバスツアーも多く組まれ，阿蘇への観光客が増加することになる。しかし2016年の2度にわたる熊本地震でこれらの道路網が崩壊し，復旧には5年を要した。熊本地震は温泉宿の建物にも被害を及ぼしたばかりか温泉が出なくなってしまうというアクシデントも引き起こした。大地震が阿蘇の観光資源に与えた影響は深刻だった。

それでは集客のための観光マーケティングに必要な要因とはどのようなことであろうか。吉田（2016）は観光マーケティングの課題を以下の7つに分類している[(8)]。

1. 温泉の見直し
2. 修学旅行における農業・漁業・林業体験のブーム
3. 「まち歩き」による地域資源の発掘・有効活用
4. 地域資源が人気観光対象に大化け
5. 神社・仏閣などのパワースポットとしての見直し
6. 旅行商品に占める添乗員・企画担当者の重要性

7. インバウンドの急増

これら7つの要因すべてを満たすマーケティング戦略は困難ではないだろうか。それゆえ阿蘇の持つ観光資源を分析し，課題を明確していくことで集客策を考える必要がある。筆者はこれらのうち，阿蘇は1.温泉の見直し，3.「まち歩き」による地域資源の発掘・有効活用，5.神社・仏閣などのパワースポットとしての見直しに関しては十分に対応できる。

ただ阿蘇市への集客のためには考慮しなければならない課題がある。

1. 2016年4月の熊本地震，10月中岳噴火による風評被害
2. JRを使って来た観光客は阿蘇駅からレンタカー移動することが多く，有効な阿蘇観光をプラン推奨し，いかに長時間阿蘇にとどめるか
3. 地震による道路崩壊がもたらすアクセスの問題
4.「九州ふっこう割」の反動減

これら4つの課題を考慮しつつ阿蘇への集客を回復するためには，何らかの戦略が必要になる。例えばJRと自家用車でのアクセス拠点として阿蘇駅を起点に1つの集客モデルが考えられる。図表5−2は阿蘇駅を起点にテーマパークのカドリー・ドミニオン，内牧温泉に宿泊し，阿蘇神社・門

図表5−2　阿蘇市への集客モデル

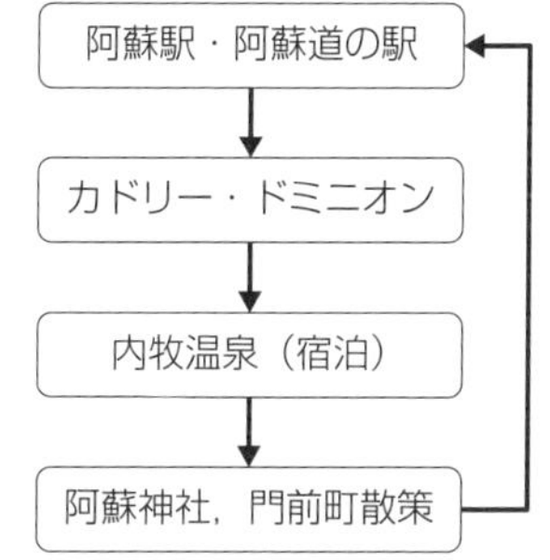

出所：筆者作成。

前町を散策してもらうというという集客モデルである。2008年6月，阿蘇駅駅舎隣にNPO法人・ASO田園空間博物館が運営し，地元の農家，企業に売り場を提供することを目的に「道の駅阿蘇」がオープンした。これにより阿蘇観光の窓口として，また食事や休憩，買い物を楽しむドライブスポットとして賑わいを見せた。そこでモデルケースとして阿蘇駅を起点にカドリー・ドミニオンを見て，内牧温泉に宿泊してもらい，阿蘇神社・門前町を散策，阿蘇駅に戻るというコースの提案ができれば，より長く阿蘇に滞在できると考える。まずは阿蘇駅・道の駅阿蘇，カドリー・ドミニオン，内牧温泉，阿蘇神社・門前町の観光資源としての特性を明確にしておきたい。

1. 阿蘇駅・道の駅阿蘇

阿蘇駅(9)は田舎の駅にしては賑わっていて，子供に人気のSL阿蘇ボーイも止まる。山の緑が美しく見渡せる平地の駅だ。2013年10月からJR九州の豪華寝台列車「ななつ星in九州」が週2便，停車するようになった。しかし隣接する「道の駅阿蘇」や沿線への経済効果はなかったと言われている。JR九州は「ななつ星in九州」は「豪華な列車の中ですごすのがコンセプト。基本的に外での買い物や食事は想定していない」と言っているからである(10)。

3年後の2016年熊本地震が起きるとJR九州はプランを変更。3泊4日のコースの2日目に朝食を阿蘇駅のレストランでとり，その後，草千里など阿蘇を周遊するツアーを企画した。これにより阿蘇での滞在時間が長くなった(11)。JRの観光客が道の駅で買い物をすれば，阿蘇にお金が落ちブランド商品の認知にもつながる。

2019年には阿蘇駅前に熊本県出身の漫画家・尾田栄一郎の漫画『ONE PIECE』のキャラクターであるウソップ像がお目見えとなった(12)。その隣に「道の駅阿蘇」がある。

そもそも「道の駅」にはどのような特徴があるのだろうか。道の駅は国土交通省への登録制で，3つの基本的機能を有していなければならない。休憩機能（24時間無料で休憩できるトイレ，駐車場），情報発信機能（道路情報，地域の観光情報，緊急医療情報等），地域連携機能（文化教養，観光レクリエーション等の地域振興施設）である(13)(図表5-3参照)。これらの基本機能を押さえつつ，各地域に合った道の駅の特徴をだすことが求められる。

国土交通省は道の駅が果たすべき8つの取り組みをあげ，そのすべてを

図表5-3　道の駅に求められる機能

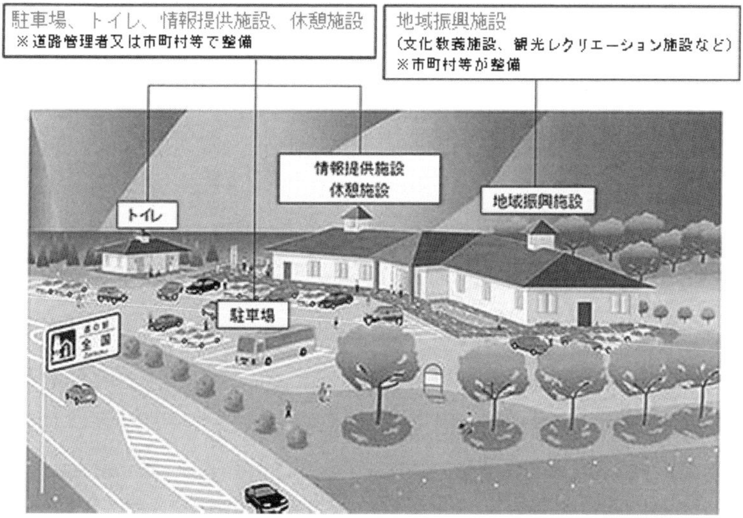

出所：国土交通省HP（http://www.mlit.go.jp/road/Michi-no-Eki/outline.html）。

満たす道の駅を重点「道の駅」の1つとしている[14]。「道の駅阿蘇」はこの重点「道の駅」の1つになっている人気の立ち寄りスポットだ。8つの取り組みとは産業振興（特産品ブランド化の推進），地域福祉（地域福祉の提供），交通結節点（地域への交通支援），防災（防災啓発，地域防災），観光総合窓口（阿蘇・九州圏域の案内拠点），インバウンド観光（外国人来訪者へのおもてなし），地方移住等促進（移住定住を支援促進），交流・連携（交流連携促進）となっている。

これらの取り組みを先駆的に行っている「道の駅」を重点「道の駅」として国土交通省が認めているのである。「道の駅阿蘇」では季節ごとに旬の野菜やあか牛，乳製品など，地域の名産物がたくさん並んでいる。夏は種類豊富なスイートコーンが楽しめ訪れる人は思い思いに弁当やスイーツ，花，野菜等を買い求めている。可愛らしいくまモン像もあり，記念撮影スポットにもなっている。ほかにも地域散策ツアー，多言語による案内，乗合タクシーとの連携による阿蘇観光等多岐にわたる取り組みを行っている。注目すべきは前述した「然」ブランド商品の販売拠点ともなっていることで，阿蘇ブランド拡大に大きな役割を果たしていると言える。

2. カドリー・ドミニオン

カドリー・ドミニオンは1973年7月に60頭の熊に特化した観光施設，「阿蘇熊牧場」として始まった。当初は熊の見学や，おやつやりが特徴であった。それが1979年に干支を祀った観光庭園「十二支苑」をオープンさせ，1988年カドリーホール，1989年にちびっこ広場と施設を充実させていき，1998年3月には「阿蘇熊牧場」から「阿蘇カドリー・ドミニオン」へと名称を変更[15]。これによりふれあい施設が充実することになる。2004年7月には日本テレビ「天才！志村どうぶつ園」で人気者だったチンパンジーのパンくんと相棒のジェームズ，そして宮沢トレーナーがキャストを務める動物ショー「みやざわ劇場」がオープン（図表5-4参照）。テレビの効果もあり，連日全国各地からのパンくんと相棒のジェームズを見に観光客が押し寄せた(16)。

しかし2012年6月，ショーの後にパンくんが突然スタッフを襲う事件が起きてしまう。それ以来，ショーに出ることが控えられるようになり，パンくん目当てに来ていた客が減少する。それでも2015年9月にパンくんの赤ちゃんが誕生。「プリン」ちゃんと命名され，12月からお披露目され徐々に来園者も増え始めた。しかし2016年に熊本地震が発生，阿蘇大橋が落ち，道は寸断され，観光庭園「十二支苑」をはじめ，多くの設備が大打撃を受けた。客足どころかスタッフも地元民も不安な生活を余儀なくされた。

課題はそれだけではない。入園料が2,400円と割安とは言えないた

図表5-4　2016年3月までのカドリー・ドミニオン（熊本地震前）

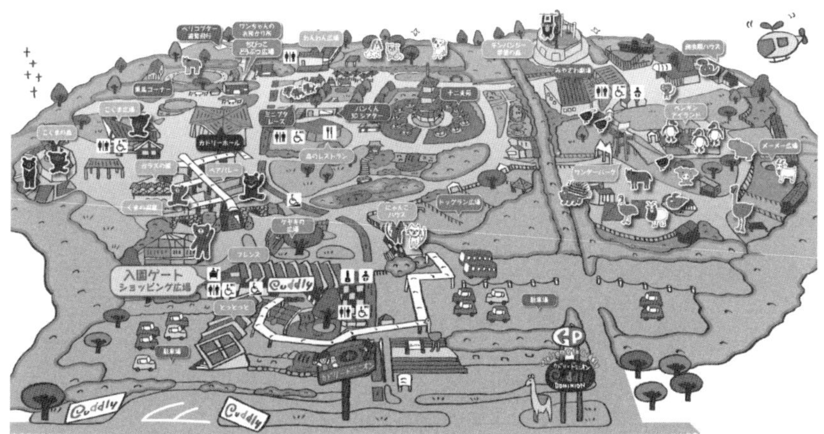

出所：阿蘇カドリー・ドミニオンHP（http://www.cuddly.co.jp/〔2015年10月20日閲覧〕）。

め[17]，何度も来たくなるようなショー等がないと来客者は減少していくことになる。カドリー・ドミニオンは動物とふれあい，動物のショーを見るのがテーマであるため，アトラクションがない。強いて言えばヘリコプターの遊覧飛行ぐらいである。スタッフにしても動物の世話や園の整備が主でディズニーランドのようなホスピタリティにあふれるサービスがあるわけでもない。2015年当時の社長は，「動物が好きで社員になったものが多いので接客，ホスピタリティは苦手なものが多い。それにレストラン，お土産店などは委託なので園の意向を強く押し付けるわけにもいかない」と状況を把握してはいたが斬新なマーケティングができないまま経営悪化が進行してしまっていた[18]。

それゆえ2016年4月からカドリー・ドミニオンはホテル運営会社のスターゲイトホテルに経営を譲渡し，営業を続けながら再建を図ることになる。地震後は施設の復旧を最優先させつつ，2016年は復興イベントの開催，熊本を中心に福岡，大分等にふれあい動物サービスを展開。2017年には集客のための施設として新たに「ちびっこどうぶつ広場」の整備，「カピバラの池」，「ペンギンの滝」，「ビントロングの森」，「メーメー広場」が新たな施設として整備され魅力アップを図っていった（図表5-5の白枠に囲まれた施設）。

魅力アップの集客の核が必要になるのは，やはり「みやざわ劇場」である。ショーの目玉となる「プリン」ちゃんがまだ小さいこともあって，出演するショーは土曜日・日曜日・祝祭日のみとなっている。ただ，ショー自体は毎日行われており，地震から4年後になってようやく観光スポットとしての魅力を徐々に取り戻してきていると考えられる。

図表5-5　熊本地震後のカドリー・ドミニオン

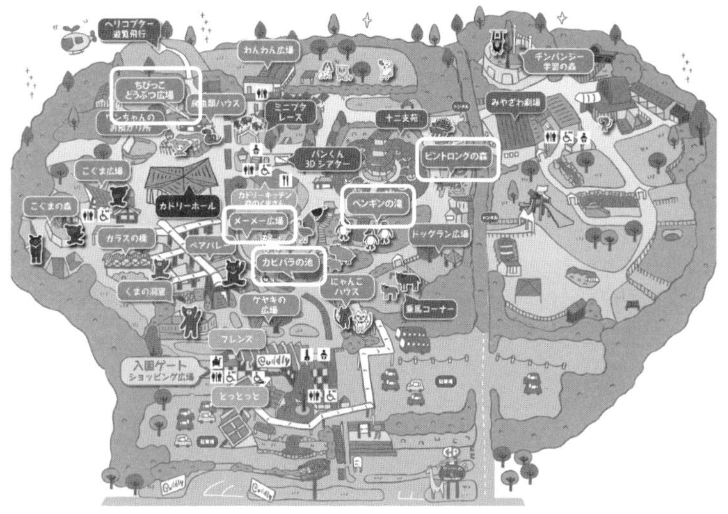

出所：阿蘇カドリー・ドミニオンHP（http://www.cuddly.co.jp/22290208691251012483125031239226045353731996835239.html〔2018年11月15日閲覧〕）。

3. 内牧温泉

阿蘇市の内牧温泉は阿蘇駅から車で10分程度，バスでも15分程度で行ける明治時代から続く温泉街である。文豪夏目漱石や与謝野鉄幹，与謝野晶子らも宿泊したことのある温泉宿がある。阿蘇市商工会は「内牧温泉に宿泊するだけでなく，内牧温泉街を散策してもらえるような街にしていきたい」(19)という意向がある。それゆえ街づくりに関しても阿蘇市と協力して活性化させようとしている。

図表5-6は内牧温泉街の散策マップである。空き店舗も多々見受けられるが個性的な小さな店舗が軒を連ねる街となっている。その中で□の枠

図表5−6　阿蘇内牧温泉マップ

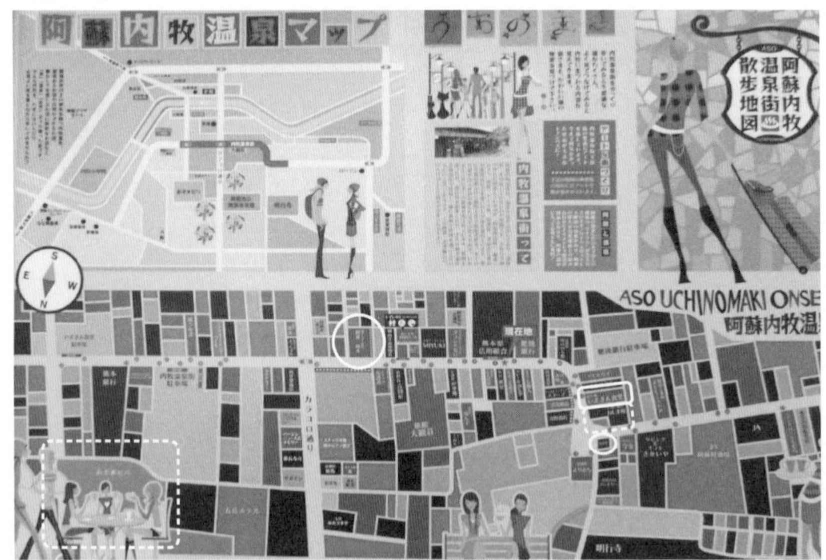

出所：筆者撮影。

で囲まれた店舗，点線の□で囲まれた店舗，○で囲まれた店舗，点線の○で囲まれた店舗が散策の際に集客しうる店舗と考えられる。

特に□の枠で囲まれた店舗の「いまきん食堂」は，開店以来100年を超える阿蘇の老舗食堂である（**写真5−6**参照）。ここは平日でも1時間半待ち，休祝祭日には店舗に入店するのに3時間程度を要する人気店，内牧では核となる店舗の1つだ。この店舗は阿蘇で飼育されているあか牛を使った「あか牛丼」が名物料理となっており，グルメサイトでも紹介され，熊本県外からもこの「あか牛丼」を目当てに，日々お客の絶えない店舗になっている。

あか牛は阿蘇地方で産出される牛で，全国の牛肉に占める割合は1割ほどしかないが，阿蘇の特産ブランド牛となっている。あか牛はジューシー

写真5-6　いまきん食堂

出所：（左）筆者撮影。（右）いまきん食堂HP（http://aso.ne.jp/imakin/）。

写真5-7　阿蘇・岡本

出所：（左）筆者撮影。（右）阿蘇・岡本HP（http://www.aso-sake.com/）。

で柔らかい肉質にもかかわらず，脂肪分は控えめ，ヘルシーな牛肉として着目をあびている。美味しくてヘルシーな「あか牛丼」は子供から大人まで大人気，阿蘇ブランド商品の顔になっている。

「いまきん食堂」から徒歩2分ほどで行けるのが**図表5-6**の○で囲まれた店舗「阿蘇・岡本」である（**写真5-7**参照）。「阿蘇・岡本」は，阿蘇近隣のお酒だけでなく「然」ブランド商品を開発し，店頭で販売している。

「お客さんは阿蘇のお土産としてこのような商品を購入していく人が多い」という。熊本地震後には阿蘇神社に伝わる刀である蛍丸(20)にちなんだ「蛍丸サイダー」を300円で販売し，1本に付き100円を阿蘇神社復興に寄付していた。近年は刀剣乱舞というゲームのヒットにより，蛍丸を知る若者も多くいるため，よいネーミングを考えついたものだ。阿蘇ブランド販売と地域おこしに積極的な店舗である。

写真 5-8 は阿蘇内牧温泉マップの大きな点線の□で囲まれた施設，「あそ☆ビバ」である。小さな子供たちが遊べる遊具施設であり，「いまきん食堂」から徒歩5分で行けるようになっているが駐車場も併設されており，自家用車で直接アクセスすることも可能となっている。

阿蘇内牧温泉マップの点線の○で囲まれた店舗は前述したお菓子「ゆず萌え」を販売する菓匠久幸堂である。徒歩圏内にはボルダリング施設「ASO CYCLE & CLIMBING BASE CLAMP（クランプ）」がある。ここは元々，酒造メーカーであったところを改築し，室内でボルタリングができるようになっている。外観からは想像しにくい意外性も楽しんでほし

写真5-8　あそ☆ビバ

出所：筆者撮影。

い。またレンタルサイクルもあり，ガイドがついて自転車で阿蘇をまわるツアーも提供していて利用者はゆっくりと雄大な自然を満喫できる（**写真5-9**参照）。

写真5-10は阿蘇内牧温泉マップの点線の□で囲まれた店舗「Cafe & Zakka & Kagu　おしま」である。通常は家具販売とカフェを営んでおり，カフェ利用客は多いという。おしま店主の古田ゆかり氏は「通常は家具と

写真5-9　CLAMP（クランプ）

出所：筆者撮影。

写真5-10　Cafe & Zakka & Kagu　おしま

出所：（左）筆者撮影。（右）おしまHP（http://www.aso.ne.jp/~kaguya/）。

写真5-11　内牧温泉街ガイド

出所：筆者撮影。

カフェをやっていますが，5名程度で申し出があれば，内牧温泉街を案内しております」(21)と言い，初めて内牧温泉街を訪れた人にはうれしいサービスとなっている。

写真5-11は古田氏が，1906年に夏目漱石が阿蘇を舞台にして著した「二百十日」の中に出てくるお寺と樹木を案内しているところである。旅先でこのようなサービスがあれば，思いがけず地元の名所に出会えたり，由来を知れたりとよい思い出も持ち帰れるだろう。

写真5-12は「山王閣」という内牧温泉にある温泉旅館である。この旅館は前身「養神亭」に夏目漱石が1899年8月末から9月初めに旅行し，俳句を残している。旅館内にはその俳句が展示されている。1906年に夏目漱石はこの旅行を基に阿蘇を舞台にした「二百十日」を発表する。夏目漱石が宿泊した部屋は山王閣の庭園の一角に保存され，夏目漱石の銅像も建てられている。この部屋を見るために海外からも来客があるという。「日本の方だけでなく，夏目漱石に興味のある海外からのお客さんが来られます。フランスからも来られたことがあります」という(22)。そう聞くと文

写真5-12　山王閣

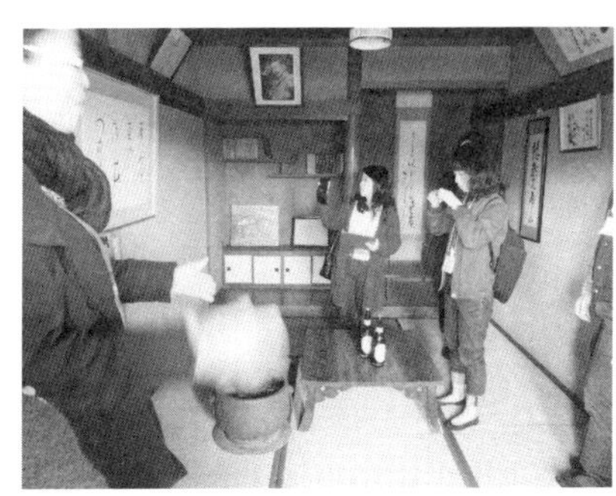

出所：筆者撮影。

豪夏目漱石の知名度は計り知れない。漱石ゆかりの宿としても宿泊予約サイト等でも観光客向けにアピールされている。

また与謝野鉄幹・与謝野晶子ゆかりの宿として，「蘇山郷」という旅館も近場にある。例年9月に旭化成陸上部の合宿時の宿としても使われている。高級温泉宿や，「ASO PLAZA HOTEL」に代表される多くの集客力を持つ，温泉を有するホテルも内牧温泉には存在する。

そのような中で団体や家族向けに集客に長けているのが「湯巡追荘」である。「湯巡追荘」は1泊2食付きで1人10,000円以下という低価格を実現し，足湯，複数の露天風呂，家族湯など九州圏内を中心に宿泊客を集めている(23)。

しかし，「山王閣」，「蘇山郷」や「ASO PLAZA HOTEL」，「湯巡追荘」は阿蘇内牧温泉街から少々離れており，徒歩で「いまきん食堂」，「Cafe & Zakka & Kagu　おしま」，「菓匠久幸堂」，「阿蘇・岡本」，「あそ☆ビバ」，「ASO CYCLE & CLIMBING BASE CLAMP（クランプ）」等に行こうとすると10分以上歩かなければならず，街を散策して宿やホテルに宿泊するという客層は少ない。

4. 阿蘇神社・門前町

阿蘇神社は孝霊天皇9年の創建，肥後国一の宮，旧官幣大社である。阿蘇の開拓祖，健磐龍命（たけいわたつのみこと）をはじめ十二神をまつる由緒ある神社で，全国500社を超える「阿蘇神社」の総本山であり，阿蘇観光には欠かせない場所である。全国的にも珍しい横参道で，境内には願いごとを叶えると言われている「願かけの石」や縁結びにご利益がある「高砂の松」，西本清樹の歌碑がある[(24)]。その阿蘇神社は2016年の熊本地震で重要文化財である楼門・拝殿が倒壊し，3つの神殿も大きく破損してしまい建物のみならず，地元民の心にも大きな傷跡を残した。2022年の復旧に向け修復が進んでいる。その神社の門前にあるのが門前町商店街である。

石原（2008）は商業集積全体の品揃え物に魅せられれば「さまざまな店舗の品揃え物を求めて商業集積内を探索する。そこでの発見が大きければ大きいほど，消費者の探索活動は積極的となり，滞在時間も長くなるだろう」と述べている[(25)]。

門前町商店街は，通りに水基（水飲み場）と呼ばれる湧き水飲み場が数か所あるのが特徴で，どこか懐かしさを感じさせる古きよき日本の商店街となっている。あか牛を使った郷土料理店，馬肉の入ったコロッケを提供するお店，スイーツ店，家庭料理店，和菓子店，酒店などで構成されている。阿蘇神社の参拝客はもちろん観光客や地元民にも愛されるイベント等を開催し，魅せる努力を欠かさない。その1つが**写真5-13**に見られるような「お座敷商店街」というイベントなどである。これは商店街に畳を敷き詰め，客は靴を脱ぎ，思い思いに門前町を楽しむといういかにも日本的なイベントだ。自ずと時はゆったりと流れ，客も町の人もしばし足を止め

写真5−13　阿蘇神社・門前町

出所：（左）筆者撮影。（右）阿蘇市HP（http://www.city.aso.kumamoto.jp/events/ozashiki/）。

て，通りに現れた畳の空間でくつろぐことができる取り組みの１つとなっている。

重い畳を敷き詰める労力や，毎年このために使う畳を調達し，補完する手間もあるので思いついたからといって，なかなかできることではない。

門前町商店街は３月下旬に行われる，阿蘇神社の火祭，７月の御田植神幸式（おんだ祭），９月の流鏑馬等の阿蘇神社の行事をあてにした集客をするだけでなく，独自のイベントを行い街ぐるみで魅力を発信し続けているのである。

5. 行政の取り組み

阿蘇への集客に関して阿蘇市はどのようなマーケティングを展開しているのであろう。１つは前述した阿蘇ブランド「然」の推進。もう１つが「阿蘇 de スイーツめぐり」というチケットの販売である。スイーツめぐり実行委員会は阿蘇市を３エリアに分類し，それぞれのエリアにある スイーツ店をお得にまわれるチケットを道の駅で販売している。酪農も盛んな阿蘇だけにスイーツ店はそこそこ点在する。点と点を結ぶ作戦というわけである。図表 5-7 はその 3 エリアである。内牧エリアは「Cafe & Zakka & Kagu　おしま」,「阿蘇・岡本」,「菓匠久幸堂」等があるエリア，坊中エリアは「道の駅」,「カドリー・ドミニオン」等があるエリア，そして一の宮エリアが阿蘇神社や門前町商店街があるエリアとなっている。

熊本県のドライブと言えば阿蘇，天草というのが定番だ。車でまわってドライブもスイーツも楽しんでもらおうということから，阿蘇市経済部まちづくり課内にある阿蘇市スイーツめぐり実行委員会が協力店舗を募り，

図表5-7　阿蘇deスイーツめぐり

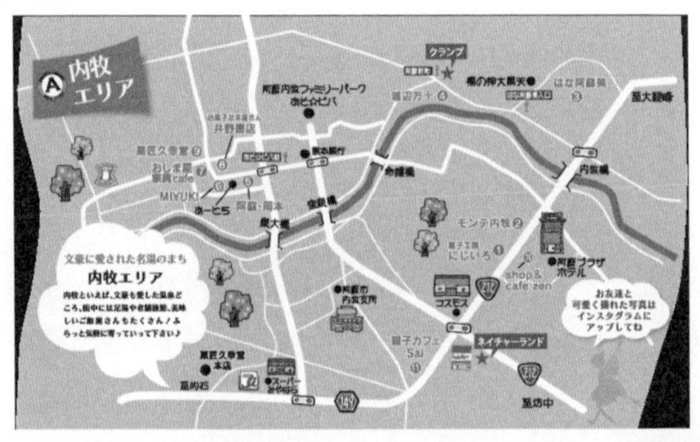

出所：：阿蘇deスイーツめぐりHP（http://www.aso.ne.jp/sweets/）。

3枚500円のチケットを用意した。これにはチケット特典として道の駅でのソフトクリームの割引，カドリー・ドミニオンの入園料割引などもある。図表5-2に示した阿蘇市への集客モデルに向けた1つの取り組みとしても期待が持てる。この取り組みは吉田（2016）が指摘していた，地域資源が人気観光対象に大化けするための布石にもなると考えられる。

Ⅳ 阿蘇ブランドと観光

本章では田村（2011）のいう「地域ブランド化の対象としてあげられるものには共通の思い，あるいは共通のロマンがある。それは地方の復権である。」，「市場発展がなければブランドは成立しない。市場発展できるかどうかはマーケティングがカギを握っている。」との指摘や，宇野（2012）による地域流通の再生をまちづくりの視点から捉えたうえでの「地域住民と事業者と行政が三位一体となって，ホスピタリティ・マインドをキーワードに協働のまちづくりを進めていく必要があろう」との指摘による地域ブランド商品の流通と，吉田（2016）のいう観光マーケティングの視点から阿蘇市を事例に取り上げ考察してきた。

阿蘇では行政が主導で阿蘇ブランド「然」を立ち上げ，これを阿蘇市長が認定し，阿蘇市内の店舗だけでなく，熊本阿蘇の逸品ネットショップASOMOでも販売し，市場発展を狙い，商品によってはネット販売せず，地元でしか入手できないようマーケティング手法がとられた。この取り組みが実行できたのは，地域住民と事業者と行政が三位一体となって阿蘇地域の振興に取り組もうという思いがあったからだと考えられる。限られた事例ではあったが実態調査とヒアリングによって阿蘇に暮らす人々の自信と地元愛が強く伝わってきた。

三位一体となりホスピタリティ・マインドをキーワードに協働のまちづくりに邁進する。自らの「売り」が何なのかを明確にし，求められているものに近づけていく，弱点をあぶり出し，補う戦略を考え，ネットワークをつくる。そうすることが集客にもつながっていくと考えられる。吉田(2016)のいう観光マーケティングのうち 1. 温泉の見直し，3.「まち歩き」による地域資源の発掘・有効活用，5. 神社・仏閣などのパワースポットとしての見直しに関して，阿蘇は十分にその要件を満たしており，さらなる集客を目指すのであれば常に観光客を飽きさせないイベント等を考えていく必要があると考えられる。その1つの取り組みとして考えられるのが 2018年6月3日，阿蘇内牧での「ONSEN・ガストロノミー」[(26)]というウォーキングイベントである[(27)]。阿蘇特産の食材を使った逸品を堪能し，温泉街を散策するというイベント。これらは阿蘇ブランド「然」を知らしめるだけでなく，「まち歩き」による地域資源の発掘・有効活用にもつながる。

2016年4月の熊本地震，10月の中岳噴火による風評被害は減少しつつあるが，JRを使って来た観光客をどう阿蘇にとどめるか。地震による道路崩壊がもたらすアクセスの問題。ピンチをチャンスに変える方法は何か。そしていかに阿蘇をアピールしていくのかに関し，阿蘇ブランド「然」，観光マーケティングの視点からのさらなる研究が必要であると考えられる。

◘ 注

(1) 田村（2011，p.4）。
(2) 同上書（p.57）。
(3) 宇野（2012，p.167）。
(4) 然 HP（http://aso-zen.com/qualifying/〔2018年11月15日閲覧〕）。
(5) 2016年3月24日，菓匠久幸堂店主青木幸治氏へのヒアリングによる。
(6) 2016年10月24日，佐藤農園佐藤智香氏へのヒアリングによる。

(7) 2016年3月24日，阿部牧場阿部寛樹氏へのヒアリングによる。
(8) 吉田（2016，pp.6-9）。
(9) 熊本県阿蘇市黒川にある，JR九州豊肥本線の駅である 。阿蘇市の中心に位置する駅で，ななつ星 in 九州，特急列車を含め全列車が停車する駅となっている。
(10)「ななつ星効果評価と疑問符」『熊本日日新聞』2013年11月18日朝刊。
(11)「JR九州ななつ星再び阿蘇に」『熊本日日新聞』2017年5月30日朝刊。
(12)「ONE PIECE」と熊本県が連携した『ONE PIECE 熊本復興プロジェクト』が立ち上がり，2016年には，熊本県内でスタンプラリーやラッピング列車といった復興プロジェクトが実施。2017年には，「ONE PIECE」連載20周年に合わせ，尾田氏と集英社から熊本県内すべての新成人に特別メッセージと記念品が贈呈。また，「ONE PIECE」キャラクターによる熊本県ホームページジャックなどのプロジェクトが展開され。2018年になると主人公のルフィ像が熊本県庁前に完成。その後，熊本県下に麦わらの一味の銅像が建設されている。(ONE PIECE（ワンピース）熊本復興プロジェクト！～麦わらの一味，ヒノ国復興編～HP (https//op-kumamoto.com))
(13) 国土交通省HP（http://www.mlit.go.jp/road/Michi-no-Eki/outline.html〔2018年11月15日閲覧〕）。
(14) 国土交通省道路局「平成27年度重点『道の駅』の選定について～地方創生の核となる『道の駅』の優れた取組を応援します。～」（平成28年1月27日）による。
(15)「カドリー」とは，‘愛くるしい’や‘抱きしめたくなるような’を表す言葉，「ドミニオン」は‘領域’‘王国’を表す言葉で，総称して「抱きしめたくなるような可愛い動物たちとふれあえる王国」という意味がある。（阿蘇カドリー・ドミニオンHP（http://www.cuddly.co.jp/27508214901994-2003.html〔2018年11月1日閲覧〕）
(16) 阿蘇カドリー・ドミニオンHP（http://www.cuddly.co.jp/27508214901994-2003.html〔2018年11月1日閲覧〕）。
(17)「入園料の大半は，えさ代と人件費で施設にかけるコストはほとんど残らない。」という。
(18) 2015年10月24日，小笠原徹朗氏へのヒアリングによる。
(19) 2016年3月24日，阿蘇市商工会へのヒアリングによる。
(20) 蛍丸は阿蘇神社に伝わる宝刀で1336（建武3）年，南朝方の菊池氏・阿蘇氏らと足利尊氏が戦った多々良浜（福岡市東区）の戦いで，阿蘇惟澄（これずみ）がこの刀で奮戦。南朝方はこの戦いに敗れ，惟澄の刀もガタガタに刃こぼれしてしまうが，惟澄が無数の蛍が集まって刀身に止まる夢を見た翌朝，刃が元通りになっていたという言い伝えから，この刀は蛍丸と呼ばれるようになった。しかし1945（昭和20）年に連合国軍総司令部（GHQ）が行った「刀狩り」によって接収されてしまい，行方がわからなくなっていたが，2017年6月資料に基づき復元された蛍丸が阿蘇神社に奉納された。(KKTくまもと県民テレビHP (http://www.kkt.jp/matome/hotarumaru/〔2018年11月15日閲覧〕)
(21) 2016年3月24日，古田ゆかり氏へのヒアリングによる。
(22) 2016年3月24日，山王閣へのヒアリングによる。

(23) ①食べ放題，飲み放題プランで割安感。②26日（風呂の日）11時から16時，露天風呂無料，③SNS割引，12室の貸し切り風呂の割引，④プランの差別化，等多彩なマーケティングを展開している。

(24) 阿蘇市HP（http://www.city.aso.kumamoto.jp/tourism/spot/historic/shrine/〔2018年11月28日閲覧〕）。

(25) 石原（2008，p.34）。

(26) ANA総合研究所とぐるなびが設立した「ONSEN・ガストロノミー推進機構」が企画し参加料の一部を阿蘇神社再建に寄付している。

(27) 高菜の小籠包，あか牛のローストビーフなどを楽しみ約7キロのコースを歩く。（「食べて歩いて阿蘇に感動」『熊本日日新聞』2018年6月5日朝刊）

参考文献

石原武政（2008），『小売業の外部性とまちづくり』有斐閣。

宇野史郎（2012），『まちづくりによる地域流通の再生』中央経済社。

佐々木保幸・番場博之編（2013），『地域の再生と流通・まちづくり』白桃書房。

田中道雄・白石善章・濱田惠三（2012），『地域ブランド論』同文舘出版。

田村正紀（2011），『ブランドの誕生―地域ブランド化実現への道筋―』千倉書房。

寺村淳（2015），「地域づくりにおけるフットパスの有効性とコーディネーターの役割に関する研究―熊本県美里町の『美里式フットパス』を事例として―」『農村計画学会誌』第34巻，pp.219-224。

原田保（2012），「地域デザインのコンテクスト転換―進化型温泉ビジネス20『型』―」『日本情報経営学会誌』第31巻3号，pp.3-14。

守田真里子（2018），「熊本の郷土料理の背景とその特徴」『尚絅大学研究紀要』第50号，pp.161-177。

山田雄一・五木田玲子（2014），「旅行動機がロイヤルティに及ぼす影響」『観光研究』（日本観光研究学会）第26巻1号，pp.3-8。

吉田春生（2016），『観光マーケティングの現場―ブランド創出の理論と実践―』大学教育出版。

Hestad, M.（2013）, *Branding and Product Design*, Gower, Farnham.

Kaser, K.（2013）, *Advertising & Sales Promotion*, South-Western, Mason.

Perry, J. and D. Spillecke（2013）, *Retail Marketing and Branding*, Wiley, West Sussex.

参考資料

（新聞）

『熊本日日新聞』「ななつ星効果評価と疑問符」2013年11月18日朝刊。

『熊本日日新聞』「JR九州ななつ星再び阿蘇に」2017年5月30日朝刊。

『熊本日日新聞』「食べて歩いて阿蘇に感動」2018年6月5日朝刊。

（URL）
阿蘇カドリー・ドミニオン HP：http://www.cuddly.co.jp/
阿蘇市 HP：http://www.city.aso.kumamoto.jp/
ASOMO HP：http://aso-asomo.com/
Web TV アソ HP：http://webtv-aso.net/
然【ZEN】HP：http://aso-zen.com/
道の駅「阿蘇」HP：http://www.aso-denku.jp/

第6章

黒川温泉はなぜ全国ブランドとなりえたのか?

I　九州の温泉

九州には大分県の別府温泉，由布院温泉，鹿児島県の指宿温泉，霧島温泉，佐賀県の嬉野温泉，長崎県の雲仙温泉など多くの温泉郷がある。熊本県内にも山鹿・平山温泉，南阿蘇温泉郷，菊池温泉，阿蘇内牧温泉，植木温泉，小田・田の原・満願寺温泉，上天草温泉郷・下田温泉，杖立温泉，人吉温泉などの温泉郷があり，各温泉でさまざまな集客のための工夫がなされている。

地方公共団体も来訪者を増加させることで，地域活性化をはかる取り組みの１つとして積極的に支援等を行っている。例えば熊本県は「新たな観光」の発掘，本物志向の旅行先として選ばれる「地域ブランド」の確立をテーマとし，地域ごとに新しい観光資源の発掘を進めている[(1)]。熊本県はこれまで観光戦略の主軸を団体客誘致に力を入れてきたが，近年では個人客の取り組みに重点を置くようになってきている。地域資源の新たな掘り起こしやイメージ定着を狙い，阿蘇では自然や温泉，天草は海のレジャー，人吉球磨は歴史文化と球磨焼酎といったように，各地域のイメージを印象付けることを目的に，季節に合わせた観光スポットや，イベント，グルメなどを紹介するパンフレットを作成し，熊本県への集客に一役買っている。

観光客の集客に関して山田・五木田（2014）は「顧客維持は大きなテーマとなっており，その顧客維持において重要な要素がロイヤルティとされる。」と言い[(2)]，さらに「国内において，全体の市場規模が減少している現在，特にプッシュ・モチベーション（顧客が旅行という活動を起こす動機）が持つ意義が大きい。」と述べている[(3)]。

これは観光客が来訪する前に抱いていた動機がロイヤルティにも影響を及ぼすのではないかということである。例えば口コミなどにより顧客誘引や再来訪にも影響を与えうるのではないかということになる。これを観光地域づくりという視点から見てみると，観光客の来訪動機を知り，これに対応する取り組みをつくることができれば，新規客獲得のためのプロモーションだけでなく，顧客維持や集客にも影響を与えることができるのではないかということになる。

本章ではこれらを踏まえ次のことを検証する。熊本県が位置付けている「阿蘇は自然や温泉が1つの地域ブランド」であるのかということだ。阿蘇地域に属する黒川温泉を事例に，集客戦略と地域づくりに着目し，その特性を深く掘り下げていこうと思う。

Ⅱ 黒川温泉郷

黒川温泉は熊本県南小国町に位置している。南小国町は黒川温泉以外にも満願寺温泉，扇温泉，蔵迫温泉，山川温泉，田の原温泉，小田温泉，白川温泉と多くの温泉郷を有している[(4)]。そのような中で黒川温泉はすでに江戸時代には肥後細川藩の役人も利用する「御客宿」として存在していた。始まりは療養を主な目的とした半農半宿の温泉郷であったが[(5)]，明治，大正期にはすっかり湯治客向けの療養温泉へと進化していった。時を経て第2次世界大戦後の1961年になると6軒の旅館で黒川温泉観光旅館協同組合が設立された。そのころから，これまで個々の旅館で湯治客を中心に細々と営まれてきた温泉郷に変化が訪れた。

時代は高度経済成長期の1964年になり「やまなみハイウェイ」が開通すると，さらに大きな波となってはっきりと変わっていった。それは阿蘇地域に団体客を乗せた観光バスが走るようになり，その数も年々増えていったからである。当時，大型旅館がなかった黒川温泉は，団体客を取り込むことができず，みすみすチャンスを逃してしまう。鳴かず飛ばずの状態が続くことになってしまうのである。

1986年にその黒川温泉に大きな転機が訪れた。これまで温泉旅館を経営してきた世代が次の世代に引き継がれるタイミングで起こった。彼らの多くはいったん，都会に就職し，戻ってきた人たちであった。一度別の世界を体験した彼らの目に映ったものは，さびれゆく故郷の温泉の姿だった。彼らは「黒川温泉を何とかしないといけない」という危機感から，個々の力を結集した。「黒川温泉郷という町ぐるみで生き残りを考えよう」と決め，動き始めたのである。彼らのような若手経営者を中心に自分達が生き残っていくため図表6-1のような3つの理念がまとめられ，この理念を主軸に集客戦略を展開されていく。

黒川温泉の3つの理念を集客に結びつけるために「競創と共創」を生き残りのテーマに掲げ，「黒川温泉一旅館」をコンセプトとして具体的な施策を実行していくことになる。まず景観づくりをすることから始められた。初めに，旅館組合の組織を「看板班」「環境班」「企画広報班」に分け，黒川全体の「看板班」は，乱立していた統一感のない看板200本をすべて撤去し，統一共同看板に変更。「環境班」は，当時スギ山だけで殺風

図表6-1　1986年からの黒川温泉の理念

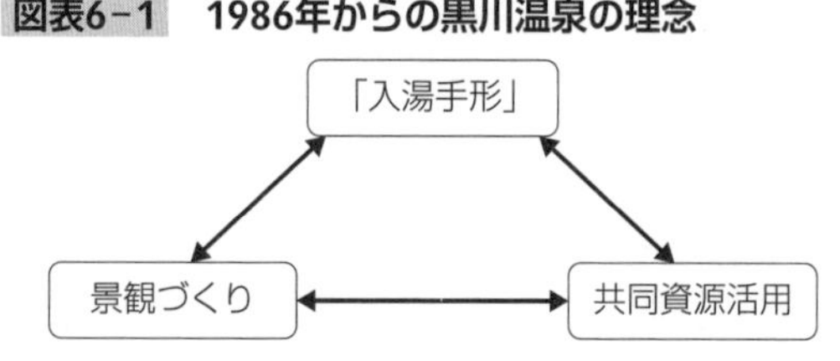

出所：黒川温泉観光旅館協同組合へのヒアリングより筆者作成。

景だった温泉郷を「絵になる風景にしよう」と剪定や植樹を行い，山里の立地を活かした露天風呂の形成を進めていった。でき上がった風呂は野趣に富んだ趣のある個性的なものになった。「企画班」は，敷地の制約上，露天風呂がつくれない宿を救うため，黒川のすべての露天風呂を利用できる「入湯手形」を発案することにつながっていくのである。

後にこの「入湯手形」が「露天風呂めぐりの黒川温泉」というブランドの発端となり，知名度向上に大きな役割を果たすことになる。いずれも「一軒だけが儲かるのではなく，地域全体で黒川温泉郷を盛り上げたい」という「黒川温泉一旅館」を実現するための思いから生まれた施策であり，観光客に好評をえた。温泉を「はしごする」という新たなスタイルは次の来訪を掘り起こし，後のブランド化を位置付けることにもなったのである(6)。

Ⅲ 入湯手形

1.「入湯手形」の考案

当初，黒川温泉の露天風呂めぐりは旅館ごとに自然の景観に富んだ露天風呂を楽しんでもらうという主旨で進んだが，当時敷地の制約上どうしても露天風呂を設置できない宿が2軒あった。温泉組合はすべてのお客様に魅力ある黒川の景観を露天風呂で楽しんで帰ってもらうために，何かないだろうかと皆で知恵を出し合い「入湯手形」が誕生する(7)。手形を見せれば他の旅館の露天風呂を利用可能としたのだ。現在では泊り客のみならず日帰り客も「入湯手形」1枚で黒川温泉28旅館の露天風呂の中から3か所入浴することができるようになっている。

「入湯手形」は**写真 6-1** のように木製のものが使われている。これは本来なら破棄される間伐材を使ってつくられている。製作は地元の「三養会」という老人会が担っており，「日本一稼ぐ老人会」とも呼ばれ，地域経済に貢献している。入湯手形の利益配分の仕組みを述べておくと，次のようになっている。1 枚 1,300 円で販売され，内訳として入湯手形の形にするための費用，入浴代 250 円× 3 回分で 750 円（各旅館に対して入る），シール代（3 枚のシールが手形には貼られており，露天風呂に入った旅館が 1 枚とり，各旅館のスタンプが入湯手形に押印される仕組みとなっている），しおり代（入浴できる露天風呂の旅館名が書かれたしおりがついてくる），製作費25円（老人会「三養会」の方々に入る），これに流通のための費用となる販売手数料が含まれ，残りが利益となる(8)。

「入湯手形」の有効期限は6か月となっている。その期間内に3か所入浴しない利用者もいるため 1 枚あたり実利は異なるが，これらの利益は黒川温泉観光旅館協同組合が行うホームページからの情報発信，景観づくり等のプロモーションの原資となっている。

写真6-1　入湯手形（一般）

出所：黒川温泉HP（https://www.kurokawaonsen.or.jp/）。

1990年台になってから旅行情報誌と協力し，1999年から2003年にかけて急速に販売数を伸ばした「入湯手形」の流通であったが，たくさんの人が押し寄せ各旅館が対応できるキャパシティを超えてしまい，2003年をピークに少し減らす策がとられる。これまで販売を委託していたところから，主に黒川温泉観光旅館協同組合と各旅館で販売することに転換し，現在に至っているのである(9)。

組合の努力とセンスで風光明媚な黒川温泉に進化してきたが，1990年代にこの「入湯手形」がメディアに取り上げられるようになったことで「黒川温泉一旅館」のコンセプトは，そのままに「露天風呂めぐりの黒川温泉」というブランド化が進んでいくことになる。その結果，2003年には宿泊者数は40万人，推定入込客数も120万人を記録するようになっていくことになる。

2. 入湯手形の活用

「入湯手形」の活用は，多岐にわたっている。3か所の旅館のスタンプが押印された入湯手形を旅館組合まで持参すると「黒川温泉認定　湯めぐり達人」の称号が与えられ，名前が旅館組合「風の舎」に掲示される。それに完全制覇の証明として，黒川温泉全旅館のロゴ＆黒川温泉認定「湯めぐり達人」の刺繡入り達成者限定記念タオルと「湯めぐり達人」の刺繡入り記念巾着がおくられ，加えて副賞として黒川温泉全館で使える宿泊補助券3,000円分がプレゼントされる。さらに完全制覇を3回（バスタオル），5回（入湯手形のデザイン風壁掛け時計），10回（入湯手形風ちゃぶ台）と達成すると非売品のオリジナルグッズが贈呈されることになっている(10)。

「入湯手形」は**写真6-2**のように，くまモンがデザインされた幼児から小学生向けの「こども入湯手形」もあって700円で販売されている。親子

写真6-2　こども入湯手形

出所：黒川温泉HP（https://www.kurokawaonsen.or.jp/）。

で一緒に黒川の露天風呂に入湯した思い出の形としてもらうという意図があるという。「こども入湯手形」も購入から6か月以内に3か所をまわり，スタンプの押された「こども入湯手形」を黒川温泉旅館組合「風の舎」に持っていくとお菓子やおもちゃがもらえる。

手形の有効期間が6か月あるため，もう一度黒川温泉に行く動機付けにもなると考えられる。

「入湯手形」はクーポンとしても利用ができるようになっている。黒川温泉郷の旅館，商店などに加え，南小国町の飲食店，商店(11)で利用できる。黒川温泉では温泉郷だけで集客を考えるのではなく，南小国町という地域を巻き込むことで，地域活性化にも貢献している。黒川温泉に来訪した宿泊客や，日帰り入浴の人たちの流れを近隣地域へいざない，そこで滞在時間が延びれば悪い話ではない。温泉組合も老人会も地域ぐるみで足元からできることに取り組み顧客満足度の向上をはかり，黒川温泉へのリピーターを増やしていった(12)。

岩永（2020）は観光客，宿泊客に対して，**図表6-2**のように「地域記憶

図表6-2　地域活性マーケティングと共同性の形成

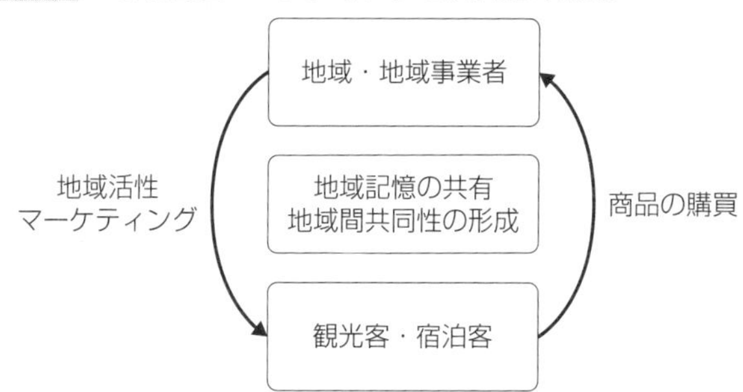

出所：岩永（2020, p.241）を基に筆者一部修正。

の共有をはかり，地域・地域事業者が地域間共同性を形成することにより，観光客，宿泊客がその地域で商品を購入すれば，地域・地域事業者にとっても地域活性マーケティングの機会が生まれ，好循環がうまれる」と指摘する。

黒川温泉の「入湯手形」を岩永（2020）のいう共同性の形成による地域活性マーケティングにあてはめて考えてみる。まず地域記憶の共有にあたるものが「入湯手形」であろう。温泉郷を「絵になる風景にしよう」という活動が地域間共同性の形成と言ってよい。黒川の自然豊かな露天風呂に「入湯手形」で入浴してもらい，「入湯手形」をクーポンとして地元のお土産品を買い，食事をしてもらう。この循環こそが利益を生み，地域活性マーケティングに役立つと考えられる。

ただ，課題もある。それは「入湯手形」のクーポン的使い方について今ひとつ浸透しているとは言えないところだ。さらなる告知や一工夫が必要である。従来の「入湯手形」に加えて時代の変化に即応した，例えば黒川温泉入湯手形アプリを提供するなど，早く簡単にわかりやすく利用できるシステムを導入し更新していくことが必要になってくる。

IV 景観づくり

黒川温泉の「景観づくり」は,「旅館『新明館』三代目後藤哲也氏が若いころに天草の景色を見て,『この天草の景色は,本当にすばらしか。それに比べて,黒川の自分の旅館はどげんじゃろ。』まずは新明館を精一杯,充実せんといかん。」[13]とつぶやいた言葉に端を発している。このまちづくりに関して,その後藤氏が1986年に黒川温泉観光旅館協同組合の執行部に招かれ,殺風景であった景観を何とか変えたいと,黒川温泉の旅館経営者達と取り組みを始めるのである。

南小国町は林業が盛んな地域で240年前から「小国杉」というブランド木材を生産しているところである。この「小国杉」という資源を何とか活かせないかということもあって,黒川温泉観光旅館協同組合が主導で「くまもと緑の3倍増計画」に応募し,熊本県から3年間の補助金を得て計画的に杉の植樹を行い,「里山のような景観」づくりを目標に進めてきたのである。これは環境保全の意味合いもあって,杉の植樹は約2万本にも及ぶことになる。この杉の植栽は旅館の庭だけではなく,道路沿いや駐車場,建物の隙間にも行われ,観光客が黒川温泉の街の沿道のどこを歩いても緑を感じられるように植栽されている。

黒川温泉が目指す「景観づくり」は①川を中心とする自然の景観,②山並みと谷間の特徴が感じられる景観,③住民による緑豊かな景観,④建物と緑のバランスがとれた景観,⑤歴史や郷土性が感じられる個性的な景観という5つの要因をできるだけ満たしていくことを目標にして進められていくことになる[14]。

黒川を車で走っていると目に入る気持ちのよい里山の風景は自然にでき

あがったものではない。きちんと計算され人工的すぎず，安全性や美観にも気を配りながら時間と手間をかけてつくられた景色である。こちらには5つの巧みな技法が駆使されている。①道路に沿って連続的に植栽が配置され，視覚の中で複数の樹木がつながって見え，樹木の見え方に奥行きが生じる。②カーブや角地で歩行者の進行方向正面，視覚の突き当りに高木を植栽することで，植栽が無意識的に通行者の目に留まり，樹木を印象付ける。③建物の側面に植栽を配置し，視覚に入る建物等の人工物の面積を減じ，緑視率をあげ，緑量を多く感じさせる。④低木，中木，高木が上下方向で重ねて組み合わされ，緑視率をあげ，緑に囲まれるような雰囲気をだし，立体感のある景観を生む。⑤沿道では，道路に平行に配置するのみでなく，道路から奥まった個所にも配置することで奥行きを形成し，単調にならないようにしている(15)。これらをうまく組み合わせることで清々しい緑の多い景観になるように工夫されているのである。

「景観づくり」の第一歩は，看板の統一から始められた。これまで個々の旅館ごとに色も形もさまざまな案内を出していたが，黒川温泉観光旅館協同組合で意見を出し合い，統一感のなかった200本の看板が撤去された。里山の温泉郷に緑を整えた次の策として組合は，温泉街の看板を統一することに取り組んだ。続いて1988年には街路灯の設置，1991年には芝を張り，巣箱を設置するなどアイデアは着々と実行されていった。その後も1997年にはガードレールの塗装も白から茶色へ変更し，地域の景観は落ち着いた雰囲気をかもしだし，風情のある上品な温泉街へと変貌をとげた。

景観に関するこだわりは，**写真6-3**のように自動販売機にまで及んだ。通常は赤い色の清涼飲料水の自動販売機も街に並みにとけこむよう，色を茶色に統一された。

景観づくりは街並みにも反映されている。**写真6-4**のように日本の昔

写真6-3　街にとけこむ自動販売機

出所：筆者撮影。

写真6-4　黒川温泉の街並み

出所：筆者撮影。

ながらの街並みを再現している。温泉街内の建物は屋根の色が「黒」，壁は「茶」，障子は「白」といった基本色に統一され，和の雰囲気を大事にしている。これは黒川温泉街が１つの旅館というコンセプトの街づくりをしているから実現している。そして道に関しても散策に邪魔な車が通らない道であったり，狭い道を拡張せず車がスピードを出して走れない工夫がなされている[16]。温泉客は川筋の小さな温泉街を歩いてめぐり，しばし都会の喧噪を忘れ，美しい水と緑に囲まれた通りを心ゆくまで堪能できるのである。

地道な努力による黒川温泉の「景観」づくりは2007年にはグッドデザイン賞デザイン部門特別賞，2009年版ミシュラン・グリーンガイド・ジャポンでも2つ星の評価を獲得するまでになり，「里山のような景観」づくりに長年取り組んできた組合の努力が世界的に認められたことになる。

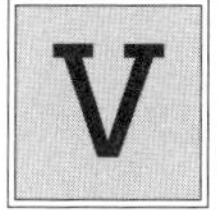

V 集客策

原田（2012）は温泉ビジネスに関して「1つは行政機関が注力している地域経済の活性化に関わる基本方針において，そもそも地域は弱者であり，それゆえ例えば地産・地消等の政策に代表される守りの姿勢が強く出ていること。1つは全国各地の温泉街で組織化される地域にある旅館協同組合や市町村の観光協会等の脆弱な温泉ビジネスに対するプロデユース力や，強力なビジネスモデルを構築するためのプランニング能力の欠如。」と2つの問題点を指摘している[17]。

しかし，黒川温泉に関してはこれに該当しない。「黒川温泉自体もまたそこに立ち並ぶ多くの温泉旅館も，熊本県の温泉街であることを完全に消し去ったブランディングを行い，また阿蘇山麓にある多くの温泉街の一つであることさえも完全に消し去ったブランディングを行うことを決定しているからである」というのである[18]。

黒川温泉はブランド化に成功した事例として，地元の熊本県人のニーズをまったく考慮することなく，初めから全国のマーケットに向けた独自性の強い再建策を構築したことが成功につながったというのである。

つまりターゲットを近隣だけに絞らず，全国から集客する方向へシフトしたことがブランド化に成功した要因であるというのである。一度は地元を離れ，都会暮らしを経験した人たちが戻ってきたことが影響しているかはわからないが，外から見た地元の温泉街がどういうものか，客観的に理解できた部分は少なからずあったと思われる。原田がブランド化に成功していると評価する黒川温泉は，観光旅館協同組合が主導して行ってきたマーケティングによるところが大きいと考えられる。ここからさらに黒川温泉の集客策をデータで比較しながら考察していくことにしよう。

1. 共同資源を活用する

近年の黒川温泉の宿泊者数は2016年221,953人，2017年260,865人，2018年283,222人となっている。この中でインバウンド層が2016年14.3%，2017年22.6%，2018年26.4%を占めている。特に韓国からの顧客が最も多く2016年39%，2017年45%，2018年42%である。続いて香港が2016年20%，2017年17%，2018年17%，中国が2016年11%，2017年12%，2018年11%，台湾が2016年11%，2017年10%，2018年9%となっていて，これら4か国で外国人観光客の80%を占めている状況にある[19]。

黒川温泉へは日本全国からだけでなくアジアを含めた多くの顧客層が来訪しているが，1年の中でも時期的な傾向がある。日本人の宿泊の比率としては平日6割，土日8割となっており，3月，8月，11月が繁忙期である。海外からの来訪者に限っては平日が7割ほどになるという[20]。繁忙期をファン獲得のチャンスと捉え，リピーターを増産するためには，気の利いた施策が必要になってくる。

景観づくりから始められた集客策であったが，黒川温泉は街ごと1つの旅館なのだということの証として，雪駄・傘を全旅館統一している。以前は旅館ごとに異なった雪駄と傘を使っていた。宿泊客が入湯手形で露天風呂を回るときに重宝する（雪駄と傘は日帰り温泉の顧客も500円の補償金を払うことで利用可能)。誰の傘か雪駄かなど，細かいことを気にせず，湯めぐりができる。

「黒川温泉一旅館」のコンセプトを象徴するプランとして「転泊」という発想が面白い。連泊するなら1泊ごとに宿を変えてみませんか？ という提案である。宿同士が申し送りをしており，宿泊客は荷物を運ぶ手間もなく，食事に関してはアレルギーの有無や同じメニューにならないように配慮されており，至れり尽くせりのうれしいサービスとなっている。

ほかにも日帰り入浴客から宿泊につながるような策も展開されている。毎年，6月26日を露天風呂の日として露天風呂を無料で開放し，いわゆる「テイスティング」をしてもらっている。試してよかった宿には泊まってみたくなるのが人の心理というものだからである。

温泉組合は閑散期のイベントについてもぬかりなく用意していた。それが2012年から始まった「湯あかりプロジェクト」である。毎年12月から2月の時期は特に日本人が少なくなるという傾向もあって，近年もてはやされているインスタ映えするものを考え，街中に灯籠を設置した。それ以降，現在まで毎年続いている。

「湯あかりプロジェクト」は観光協会員が引き受けていて，湯あかりのシンボルとなる竹の灯籠「鞠灯籠」を1つひとつ手作りしている（湯あかりは**写真6-5**)。灯籠は温泉街を流れる田の原川に吊るされ，日没から22時まで約300の灯籠にあかりがともされ幻想的で美しい(21)。今では黒川温泉の冬の風物詩として代表的なイベントとなり宿泊だけでなく，これを

写真6-5　黒川温泉の湯あかり

出所：黒川温泉HP（https://www.kurokawaonsen.or.jp/dainisonmin/）。

見て露天風呂を回る日帰り入浴客の増加にもつながっている。

さらなる施策もある。それは6月から10月にかけて月に一度行われている「朝ピクニック」という食のイベントである。こちらは黒川温泉の宿泊客限定で，地元食材でつくる朝ご飯を草原が広がる平野台高原親水公園で楽しめる。南小国町の農家の女性たちが朝採れ野菜や，自家製パン，ソーセージなどを持ち込んでつくる。テーマは「体が元気になる朝食」。メニューは旅館の若女将らと朝食をつくる農家の女性たちで考案されている。この朝ピクニックは，連泊をする外国人観光客に特に好評である。毎朝，里山の自然に囲まれ，採れたての新鮮な日本のご飯が楽しめるからだ。きっと「心も体も元気」になって帰るのだろう。

これらさまざまな取り組みは結果として表れている。以下は「じゃらん」に掲載された人気温泉ランキングによる全国の「もう一度行ってみたい温泉」からの抜粋である。2010年7位，2011年7位，2012年7位，2013年6位，2014年8位，2015年7位，2016年8位，2017年8位，2018年8

位，2019年8位，2020年8位(22)。1980年代まで全国的には無名に近かった湯治場が，今では海外からも人を呼べる国内屈指の温泉へと発展したのである。

2. プロモーション

ここからは黒川温泉の情報発信によるプロモーションについて紐解いていく（図表6-3参照）。1980年代と今ではアプローチの仕方が大きく変化した。2008年以降のスマートフォンの普及にともない，より多くの人にアピールする方法が1つ増えた。コツコツと築き上げてきた自慢の黒川温泉だが，より多くの人により魅力的にアピールすることは非常に重要だ。

ここでいう情報サイトとはTripAdvisor，SMO南小国，南小国町観光協会，おるとくまもとのような旅行・観光に関する情報サイトのことである。

黒川温泉のホームページは日本の秘湯を前面に押し出し，「地域のポータル化」をテーマに情報発信を行っている(23)。紙のパンフレットも同様，

図表6-3 情報によるプロモーション

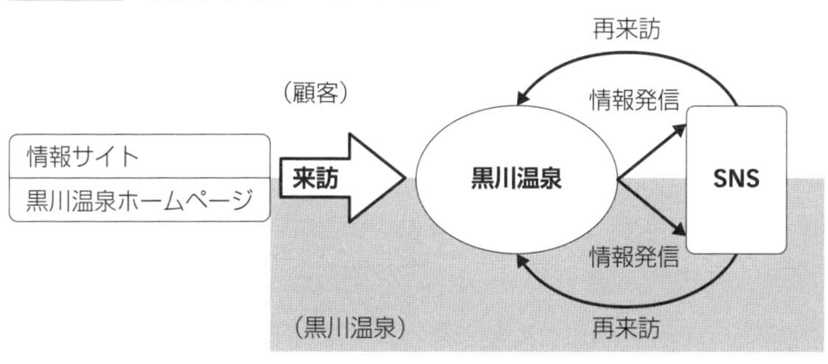

出所：筆者作成。

おとぎ話に出てくるような日本の秘湯を描き，ホームページとイメージが統一されている。露天風呂めぐりの際に重宝する情報も満載で旅館の案内，地図，温泉の泉質が表記されている。

ウジ（2014）は「紙のパンフレットはリアルな場で強いインパクトを与えることが重視される一方で，ウェブには情報コンテンツの充実と頻繁な更新が求められる。」(24)と指摘している。黒川温泉の場合，紙のパンフレットとのイメージは統一しながらも，ホームページは情報コンテンツを充実させ，マメに更新することで旬の情報を発信し，全国的な情報発信媒体となっていると考えられる。

黒川温泉の情報発信にはFacebook，Instagram，Pinterestの3つのソーシャルメディアもつかわれている。Facebookでは，初めて訪れる人達にも見てもらえるように素人目線での情報発信，Instagramはリピーターに向けて発信。プロ写真家に撮ってもらった映像を数多く使い，何度でも行きたくなるような仕掛けが施されている(25)。対象を分けて発信することで，幅広い層からの集客を狙っている。

また，これから旅先を選ぶ顧客層に刺さるようインスタ映えする場の整備を進めたり，小国杉製の「ロードコーン」を使うなど，思わず写真を撮りたくなる素材を提供している。人は気に入ったものは，発信したくなる。ほっておいても拡散されるものがあるというのは「強み」なのだ。

黒川温泉の地道なプロモーション活動は，じゃらんネットが毎年全国の温泉地を対象に行っている「人気温泉ランキング」で「まだ行ったことはないが，一度は行ってみたい温泉地」として上位にくいこんでいる。2010年から2020年では8位，10位，8位，9位，7位，7位，8位，8位，12位，12位，12位と評されている。このことからも全国的に黒川温泉の知名度は定着してきていると考えられる。そうなるとあがった評判を落とさぬようにさらなる高みを目指して，プロジェクトは次の段階にコマを進めなければならない。

岩崎（2019）は観光マーケティングの視点から「地域引力を生み出すためには，“引き算”の発想が有効である。引き算することによってイメージが明確になるため，『引力』が強くなるとし，引き算によって，個性が明確になれば，口コミやソーシャルメディアで発信される機会も増える」と指摘している(26)。

黒川温泉の場合，別府温泉郷のように交通の便がよいわけでもなく，娯楽施設や高級ホテルがあるわけでもない，それに団体客に対応できる大型の宿泊施設があるわけでもない。あえて「何でもあります」を目指すのではなく，何もない，日本の秘湯に寄った形で街づくりをし，それを個性としてプロモーションしたことが逆にうけて，口コミやソーシャルメディアで発信されるようになったのではないか考えられる。

黒川温泉が念頭に置いて取り組んでいる独自のプロモーションが「第二村民」構想である。「第二村民」とは，黒川温泉を自分にとって“二つ目のふるさと”だと名乗ってくれる仲間を指す言葉であり，共に黒川温泉を元気にしていこうという取り組みである。「第二村民」に登録すると適時立ち上げられるプロジェクトに参加可能となり，黒川温泉が主催するイベントに優先的に参加できる。また，「第二村民」には「第二村民証」が発行され，さまざまな活動への参加に応じて「黒川ポイント」が付与される。そのポイントは，黒川温泉でのさまざまなサービスにお得に利用できるようになっている。

「第二村民」の取り組みは**図表6-4**のように，地域に馴染みやすく活動ができるよう黒川の住民と「第二村民」との交流の輪が広がるような仕組みで最も効果のあるもの，それは親睦会である。地元の人が「飲み方」と呼んで愛している仕事を終えた後のお楽しみだ。

作業等に参加した後は，黒川温泉の露天風呂も利用できる。一方，黒川

図表6－4　第二村民とは

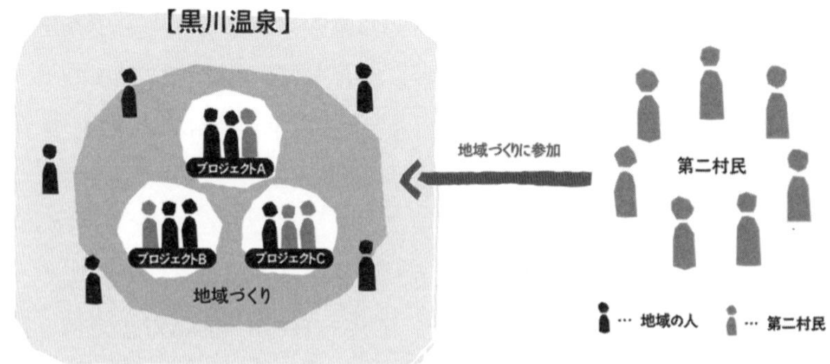

出所：黒川温泉HP（https://www.kurokawaonsen.or.jp/dainisonmin/）。

温泉側も地元にいては気付きにくい率直な意見や感想が得られ，新規誘客活動に役立つだけでなく，顧客維持や口コミ集客にも有効でお互いに利のある点がよい。ちなみに2019年は湯めぐり風呂敷プロジェクトを展開した。ビニール袋の代わりになる「湯めぐり風呂敷」を企画。浴衣を着て歩く際に，黒川温泉の雰囲気に合った「風呂敷バック」を第二村民と作り，10月初旬には販売目標数を達成している。

黒川温泉では次の課題として食領域のアピールを考えており，そのために「食」，「人材」領域を強化していく必要があるという。これは100年先を見据えたフードハブ構想を持っているからである(27)。

この課題に関しても第二村民を巻き込みプロジェクトを進めていく。「食」に関しての意見を聞いたり，時には黒川温泉で働く「人材」の確保というむずかしい課題を与えられ，立場の違いを超えて共に頭を悩ますこともある。

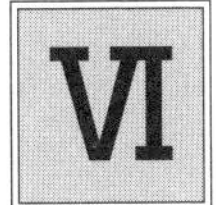

Ⅵ 黒川温泉が目指すこと

黒川温泉はわずか直径4km圏内に30の温泉が寄り集まり，この地域を大きな「1つの旅館」と見立てたマーケティングにその特徴があった。

「入湯手形」は大人向けと子供向けの2種類が展開され，南小国町という地域とも連携することでクーポンとしても利用できる環境を整え，「露天風呂めぐりの黒川温泉」というブランドをつくりあげることに成功した。2月・3月の期間限定ではあるが，1枚最大6人までが利用可能な「シェア入湯手形」も2,200円で用意されている。クーポン的な割引サービスは受けられないが，例えば卒業旅行など少人数でシェアして使ってもらうような手形として発案されたものである。「入湯手形」1つをとっても常にさまざまな顧客層に対応していけるよう更新され続けているのである。

「景観づくり」は，黒川温泉を流れる田の原川を中心として，山並みと谷間からなる美しく緑豊かな景観を目指し，建物と植栽のバランスまで考え抜き，2万本にも及ぶ杉の植樹によって，日本のおとぎ話にでもでてきそうな里山の秘湯を目指してつくられた。顧客にとってインスタ映えはもちろん，いやしの空間となっている。

「共同資源活用」の面では「転泊」という独自の提案や朝ピクニックという朝食サービスは国内外の客に好評を得ている。閑散期に始められた「湯あかりプロジェクト」では捨てられるはずの間伐材を有効活用し灯籠をつくった。ライトアップすることで，遅い時間帯の集客や美観の向上に一役かっている。

次に黒川温泉が「競創と共創」をテーマに進めようとしているのが，2050年の姿として南小国町との共通ビジョン「きよらのさと」構想である。「きよらのさと」とは，この地域の愛称である。「き」づいてきた美しい里山の風景，伝統文化，生業を次世代に引き継いでいく里。「よ」りそい支えあい，人と人のつながりを大切にし，1人ひとりが誇りを持ち，多様な生き方を尊重しあえる里。「ら」イフラインを充実させ，地域全体で協力し，だれもが笑顔で安心して過ごせる里。「の」びのびと学べる環境の中で，すべての人が夢に向かって挑戦できる里。「さ」いせい可能エネルギーを地域資源から生み出し，有効活用し，未来につながる豊かな暮らしを実現する里。「と」もに連携し，世界とつながり，世界に誇れる幸福な暮らしができる里。黒川温泉が目指しているこれらの取り組みは世界的に取り組まれるようになったSDGsの中にある「パートナーシップで目標を達成しよう」を意識したものとなっていることは言うまでもない(28)。

全国区に成長した黒川温泉だが，より魅力的な温泉がほかにもある。近隣では由布院温泉などがそうだ。ライバルに差をつける新たな取り組みも考えなければならないし，今ある顧客を維持するためには接客の質も落とせない。職場としての黒川温泉の環境を整えることも必須だ。プロモーションもさることながら，実物の露天風呂は本当に魅力的だ。岩を手掘りした岩風呂があるかと思えば，滝つぼのように深い風呂，川の流れの際につくられた風呂，掛け軸の中の景色かと思うものもあり，決して大きくはないが，誇れる個性を持っていて一言では言い尽くせない。もちろんこのような形態は一夜にしてできたわけではないことは前述の通りだ。こうしてブランド化に成功した黒川温泉は「一度は行ってみたい温泉地」の常連となり，今でも伸びしろがあると言っても過言ではない。競争でパイを奪い合うのみでなく，自然を育て，地域を整備して発展させてきたことが今につながっている。

さらなる発展のための要因は「第二村民」をどのように活用していくのかということである。好調だったインバウンドは2019年ごろから急速に陰りを見せた。日本の政策に対して反発があり，韓国からの観光客が激減した。その後，世界的にコロナウイルスが蔓延し，すべての旅行業が大打撃を受けている。今後はインバウンドに頼らない新たな仕組みづくりや，プロのインフルエンサーの意見を取り入れることも重要になってくる。集客戦略も時代と共に変化しているため，黒川温泉に興味を持ち，第二村民になっている人たちを有効に活用することで，これからの黒川温泉の潮目が変わっていくだろう。

熊本県の阿蘇にある温泉街であることを完全に消し去ったブランディングで，全国ブランドにまで成長，日本国内のみならずアジアからの集客にも成功したと考えられる黒川温泉。ハード面では「黒川温泉一旅館」という基本コンセプトを実現するため，景観づくり，露天風呂といった環境が整い，充実してきたと言える。今後は足元を固めるソフト戦略に別の角度から着目されてはいかがであろう。たとえコストや時間がかかっても挑戦を続けてほしい。例えば占いのできる従業員を育て，女性客の心を摑むとか，中国語とハングル語の通訳ができる従業員を育て，アジアからの顧客に旅行で役立つ日本語を教えるなど，奇想天外な視点から従業員も経営者も学びながら成長する姿勢があってもよいのではないだろうか。さまざまなアイデアを試行錯誤しながら，手応えあるプランにあたるまで根気よく続けていくほかないだろう。そうすることで宿泊客の満足度を向上させ，「また黒川温泉に行きたいな」と呟けば，あっという間に「いいね」が1万個を超える，そんな黒川温泉を目指してほしい。

■注

(1) 熊本県「ようこそくまもと観光立県推進計画（2017-2019）」p.24。
(2) 山田・五木田（2014，p.3）。
(3) 同上書（p.3）。
(4) 南小国町 HP（https://www.town.minamioguni.lg.jp/kankou/〔2020 年 11 月 14 日閲覧〕）。
(5) 「御客屋」は江戸時代（1752 年）から現在も営業している。

(6) 黒川温泉観光旅館協同組合資料による。

(7) 露天風呂と雑木により自然な景観を演出することを始めたのは，旅館「新明館」の三代目後藤哲也氏である。1954年から敷地内を独力で掘り進め，約3年をかけて洞窟風呂を作り，数回の改装を行い「黒川の露天風呂」を作り上げた。画期的だったのは混浴があたり前だった露天風呂に女性専用露天風呂を作り出したことである。

(8) 2019年9月10日，黒川温泉観光旅館協同組合へのヒアリングによる。

(9) 2019年9月10日，黒川温泉観光旅館協同組合へのヒアリングによる。

(10) 黒川温泉公式サイト（https://www.kurokawaonsen.or.jp/tegata/〔2020年10月1日閲覧〕)。

(11) 店舗として雑貨来風，いご坂陶庵，酒の宿，白玉っ子甘味茶屋，黒玄給油所，お宿玄河『うふふ』，ふくろく，パティスリー麓，杉養蜂園，夢蔵人黒川店，とうふの吉祥，味処なか，後藤酒店，わろく屋，どらどら，湯音，つけものかふぇ平野屋，まるしょう，ほぐっちゃん，瀬の本レストハウス。旅館・ホテルとしてわかば，御客屋，帆山亭，奥の湯，壱の井，南城苑，にしむら，こうの湯，ふもと，和らく，湯本荘，やまびこ，いやしの里 樹やしき，夢龍胆，瀬の本高原ホテルがある。

(12) 入湯手形は2019年11月24日には300万枚販売を達成している。

(13) 後藤（2005，p.48)。

(14) 黒川温泉観光旅館協同組合のデータによる。

(15) 寺島ほか（2018，pp.493-494)。

(16) 景観維持のために黒川温泉観光旅館協同組合環境部では年に4回程度，清掃やメンテナンスを行っている。

(17) 原田（2012，p.4)。

(18) 同上書（p.6)。

(19) 黒川温泉観光旅館協同組合統計資料。2019年に限っては韓国からの宿泊者数は日韓の政治的関係の悪化が要因と考えられるが，来訪者が前年比40%減少となっている。

(20) 2019年9月10日，黒川温泉観光旅館協同組合へのヒアリングによる。

(21) 黒川温泉観光旅館協同組合資料による。

(22) リクルート「人気温泉ランキング」（じゃらんネット2010～2020年度版）による。

(23) 2019年9月10日，黒川温泉観光旅館協同組合へのヒアリングによる。

(24) ウジ（2014，p.151)。

(25) 2019年9月10日，黒川温泉観光旅館協同組合へのヒアリングによる。

(26) 岩崎（2019，pp.128-129)。

(27) 2019年9月10日，黒川温泉観光旅館協同組合へのヒアリングによる。

(28) SDGsとは2015年に，国連総会で2030年までに達成するための課題として「持続可能な開発目標（SDGs)」を定め，それを実現していくために掲げられた「17の項目」。これは国連加盟193か国が持続可能な社会を維持していくために取り組み取り組むべき課題とされている。（外務省HP（https://www.mofa.go.jp/mofaj/gaiko/oda/sdgs/about/index.html）を参照）

参考文献

池内秀樹・朽木弘三（2007），「『観光まちづくり』の成果と課題―由布院温泉・黒川温泉を実例として―」『地域創生研究年報』（愛媛大学地域創生研究センター）第2号，pp.155-174。

岩崎邦彦（2019），『地域引力を生み出す 観光ブランドの教科書』日本経済新聞出版社。

岩永洋平（2020），『地域活性マーケティング』筑摩書房。

ウジトモコ（2014），『問題解決のあたらしい武器になる視覚マーケティング戦略』クロスメディア・パブリッシング。

浦達雄（2001），「山間温泉地における小規模旅館の経営動向―黒川温泉，長湯温泉を事例として―」『大阪明浄大学紀要』（大阪観光大学）第1号，pp.1-10。

浦達雄（2010），「最近の黒川温泉における小規模旅館の動向」『温泉地域研究』（日本温泉地域学会）第15号，pp.1-10。

枝廣淳子（2021），『好循環のまちづくり！』岩波書店。

温泉町づくり研究会（2020），『日本の温泉地，温泉旅館の将来を考える 温泉まちづくり研究会2019年度総括レポート』日本交通公社。

熊本県（2017），「ようこそくまもと観光立県推進計画（2017-2019）」。

小島慶藏（2019），『地方創生でリッチになろう―成功する8つの心得―』中央経済社。

後藤哲也（2005），『黒川温泉のドン後藤哲也の「再生」の法則』朝日新聞社。

柴田高（2010），「観光事業の顧客価値創造における物語性の効果―旭山動物園と黒川温泉の事業再活性化を例として―」『東京経大学会誌』第268号，pp.55-66。

田村正紀（2011），『ブランドの誕生―地域ブランド化実現への道筋―』千倉書房。

寺島健・山口敬太・川崎雅史（2018），「黒川温泉における雑木植栽による修景の展開過程とその技法」『ランドスケープ研究』（日本造園学会）第81巻5号，pp.489-494。

原田保（2012），「地域デザインのコンテクスト転換―進化型温泉ビジネス20『型』―」『日本情報経営学会誌』第32巻3号，pp.3-14。

山田雄一・五木田玲子（2014），「旅行動機がロイヤルティに及ぼす影響」『観光研究』（日本観光研究学会）第26巻1号，pp.3-8。

横山秀司（2002），「九州における日帰り温泉の構造分析」『九州産業大学商経論業』第42巻4号，pp.29-49。

Keith, A. Quesenberry（2016），*Social Media Strategy*, Rowman & Littlefield, New York.

参考資料

黒川温泉第二村民 HP：https://www.kurokawaonsen.or.jp/dainisonmin/

用語索引

英数

あ

か

さ

た

な

は

地域・施設・ブランド（商品）索引

英数

あ

か

《著者紹介》

吉川　勝広（よしかわ　まさひろ）

1965年，熊本県荒尾市生まれ。
九州大学大学院比較社会文化研究科博士課程修了，博士（比較社会文化）。大学職員を経て，現在，熊本学園大学商学部教授。

〈主要著書〉
『自動車流通システム論』（2012年，同文舘出版）
『自動車マーケティング―エントリー世代とクルマの進化―』（2015年，同文舘出版）

2022年3月10日　初版発行　略称：地域流通マーケ

地域流通とマーケティング

著　者　Ⓒ 吉　川　勝　広
発行者　中　島　治　久

発行所　同 文 舘 出 版 株 式 会 社
東京都千代田区神田神保町1-41　〒101-0051
営業（03）3294-1801　編集（03）3294-1803
振替 00100-8-42935　http://www.dobunkan.co.jp

Printed in Japan 2022

DTP：マーリンクレイン
印刷・製本：萩原印刷
装丁：志岐デザイン事務所

ISBN978-4-495-65014-8